知識ゼロ、数字苦手でも大丈夫!

おどろくほど簡単に会社の会計がわかる本

決算書が読めて、利益につながる!
すぐにわかる会計入門

冨松誠 著　　さとうゆし イラスト

Clover
クローバー出版

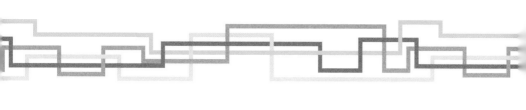

はじめに

この本は、「会計」を自分の仕事に役立てたいと考える人のために書きました。難しい会計知識のデパートではなく、日々の仕事の中でこんなことや考え方を知っていたら、仕事のヒントになるという本です。

皆さんは「会計」というと、どのようなイメージをお持ちでしょうか。本屋の書棚で眺めると、「分かりやすい」「楽しい」「やさしい」「超入門」などのタイトルを付けられた本が、ずらりと並んでいます。

こうしたタイトルの本が今も増え続けているということは、それだけ会計は「難しい」イメージが強いのだと思います。

その原因は、勉強内容と目的がマッチしていないことにあります。

詳しくは第1章で解説しますが、いわゆる会計といっても会計資料を「作る人」と会計資料を「見る人」の2つに分かれます。

この本を手に取っていただいている方の多くは、経理担当者以外の方だと思いますので「見る人」になりますが、「見る人」も「他社を評価する人」と「自分の仕事に役立てる人」に分かれます。


目的が違うと学ぶものや必要なレベルが異なります。

「作る人」であれば細かな会計のルールを把握しておく必要がありますが、「見る人」であれば最低限のルールがわかればそれでOKです。

マニアックなルールを理解するよりも、どうやって会社の状態を把握するかというスキルのほうが重要です。


「見る人」の中でも、「他社を評価する人」と「自分の仕事に役立てる人」では分析する項目や深さが変わるのは当然です。

「他社を評価する人」は、投資家や金融機関が代表的です。彼らはその会社を経営しているわけでも、働いているわけでもありません。

会社の収益状況や安全性など、良し悪しを知り、お金を出すべきか、引き上げるべきかを判断します。

世の中の会計と言われるものの多くは、「このような分析方法があって、良し悪しの判断基準はこうです」というものがほとんどです。

これは「他社を評価する人」の分析であり、実際に働いている人からすれば、「悪いのは分かっている。だからどうすればいいかヒントが欲しい」というのが本音でしょう。

そのため、「自分の仕事に役立てる人」の分析が必要です。

こうしたシーンで活かせる会計本を目指したのがこの本です。

私は普段、中小零細企業の経営コンサルタントをしています。

会計資料を作る立場ではありませんし、一般的な税理士事務所の若手職員に毛が生えた程度の作成能力しかありません。

また、日頃お付き合いしている会社様のほとんどが従業員数20名以下の規模です。

これまで、「会計」という言葉を聞くだけで頭が痛くなるとおっしゃる方々に数字を知ってもらい、業績改善に取り組んできました。

そうした経験から、この本は3部構成になっています。

第1章では会計全体のお話をします。

会計の目的や勉強の方法、会計資料の大まかなイメージ、使い方をお伝えします。まずは全体像を把握してください。

第2章では、会計資料のイメージをもう少し深掘りしていきます。このくらいは知っておいていただかないと、仕事の中で話が通じない可能性があるからです。

とはいえ、難しいルールの論理的な解説をするつもりはありませんし、そうしたことは他の会計本にお任せしたいと思います。

私がお伝えするのはイメージです。普段中小企業の方にお伝えする際には、日常生活や身近なものにたとえています。

こんな感じのものだと腑に落ちていただければ大丈夫です。

第3章では、自分の仕事を上手くこなすための使い方として「分析」についてお話しします。

ここでも難しい分析手法のバーゲンセールをするつもりはありません。

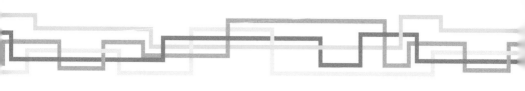

私が普段、最低限このくらいが見られれば、ヒントがつかめるというものや考え方を厳選してお伝えします。

本書は、これから会計を学ぶ方、会計は学んだが挫折した、残念ながら会計を日常に活かせていないといった方を対象としています。

本書を通じて少しでも会計へのイメージが変わり、日常に役立つことがあれば幸いです。

contents

はじめに 3

第1章
会計の全体像

会計の目的・資料、使い方を徹底的に理解！ 14

1 会計の目的 15
1．会計の3つの目的 16
2．目的に合わせた必要なスキル 19
3．会計を勉強する時に大事なこと 21

2 会計の資料 26
1．会計で使用する3つの資料 26
2．会計資料の関係性 42

3 会計の使い方 44
1. 定点観測 44
2. 原因の調査をする 46
章のまとめ 48

第2章 イメージで把握する会計

難解？ 大丈夫!! 押さえておきたい会計資料 50
2章-1
1. 簿記の基本 51
2. 会計資料の深堀り 貸借対照表 78

contents

2章－2
1．会計資料の深堀り　損益計算書　102
2．会社資料の深堀り　キャッシュ・フロー計算書　128

第3章 自分の仕事を上手くこなすための使い方

会計の真骨頂！　分析に挑戦しましょう！　140
1　分析の基本　140
2　目的別の分析　155
1．潰れないか知りたい　158
2．儲かっているのか知りたい　171

3．新しい取り組みに役立てる　212
章のまとめ　214

第4章

ここまでを振り返って徹底的にマスター!!

会計、使いこなせば素晴らしいツールに!!　222
あとがき　232

第1章
会計の全体像

会計の目的・資料、使い方を徹底的に理解!!

まずこの章では、本書が伝えたい会計の全体像をお話します。全体像と言っても会計知識の全体像ではなく、会計の目的から入り、代表的な会計の資料のイメージ、仕事への使い方をお伝えします。

まずは会計ってこんなものかと知っていただき、第2章以降で具体的に掘り下げていきたいと思います。最初から細かな所まで深掘りしていくと読み進めていくのが嫌になるので、第1章では本書の考える会計の全体像を把握してください。

1 会計の目的

ひと言で会計と言っても大きく3つの目的があります。

自分がどの目的にあった勉強をしたいのかをわかっていないと、せっかく勉強しても実務で役に立たないと感じる可能性があります。

例えばですが、自動車の勉強と言うと多くの方は教習所で行った「自動車の運転」について学ぶことだと考えると思います。

しかし、自動車を作るための理工学的な勉強も「自動車の勉強」と呼べます。

会計の勉強というものは、「自動車の作り方」なのか「自動車の運転」なのかが区別されずに使われているようなものです。

また、学ぶ本人もどんな目的があって、どの目的で学びたいのかが整理できていない方が多い。

そしてこれが悲劇の始まりです。

本人は自動車の運転について学びに行ったつもりが、なぜか自動車の設計についての講義が始まった。全然理解できずにチンプンカンプンです。

あるいは、自動車の運転は運転でもプロレーサーが学ぶようなテクニックを教えてくれる講習だった。

本人はちょっとそこのショッピングモールまで買い物に行けるようになればいいのに。こうした目的と勉強のミスマッチを防ぐため、会計の目的を簡単にお話しします。

1．会計の3つの目的

会計の目的は大きく3つに分かれます。

❶ **税金を計算するため**
❷ **投資先（融資先）を見つけるため**
❸ **自分の仕事に役立てるため**

それぞれの内容を見ていきましょう。

● 税金を計算するため

経理担当者や税理士さんの仕事です。いわゆる会計資料を作成し会社がどれだけ儲かっているかを計算します。

この儲けをもとに税金の申告書を作成するという流れです。

この目的では、いかに正確な申告書を作るかが大事になります。

● 投資先（融資先）を見つけるため

個人で株式投資を行う場合、あるいは銀行が融資を行う場合、会社と名が付くものであれば、何でもいいから闇雲にお金を出すことはしません。

出したお金が戻ってくるか、リターンが見込めるかなど、会社の状態を見て判断しています。

1つ目の目的は、会計資料を「作る」ことが目的でしたが、2つ目の「投資先（融資先）を見つけるため」からは会計資料を「見る」ことが目的になります。

自分の仕事を上手くこなすため

3つ目は自分の仕事や会社の状態を把握して、改善に役立てるために行う会計です。

仕事だけでなく、スポーツや子どもの勉強などでも、現状を知ってそれに合わせた対策を講じることが成果への近道です。

そうした現状を知るための会計が3つ目の目的になります。

2つ目の目的と同じく、「見る」ことが目的ですが、「投資先（融資先）を見つけるため」が他者の評価に留まることに対して、「自分の仕事を上手くこなすため」では日々の業務改善につながるレベルまで「見る」ことが必要です。

2．目的に合わせた必要なスキル

ここでは目的に合わせた必要なスキルと勉強方法を簡単にお伝えします。

税金を計算するため

何はともあれ簿記の勉強が必要です。昨今、会計ソフトが進歩しており作成は容易になっていますが、基本的なことを知らなければとんでもない間違いをしても気がつきません。

なかなか気がつきにくいミスもありますが、現金残高がマイナスになっている会計資料など、ひと目でおかしいと感じるものを提出すると「この人は大丈夫か」と不安に思われてしまいます。

簿記3級の私が言うのもおかしいですが、最低でも簿記2級レベルは欲しいところです。

また、上級者を目指すのであれば税理士試験の勉強もお勧めです。簿記だけでなく税法や判例も勉強することで頼りになる経理マンとして活躍できると思います。

●投資先（融資先）を見つけるため

世の中にある多くの会計本は、この目的に合致した内容となっています。会計資料を見て、投資するに値するリターンが見込めるのか、元本が戻ってくるのかなど、様々な角度から判断をしていきます。

●自分の仕事を上手くこなすため

自分の会社の会計資料の分析力、自分の仕事の分析力、そして分析のための調査力が求められます。

調査力というのは、本当に仕事に活かそうと思った場合、一般的な会計資料では知りえない事項が多いため、その調査やデータ収集が必要となるためです。

この本は、これら目的に合った会計能力を身につける入門書として解説していきます。また、深く勉強したい方は「管理会計」というジャンルの本を学ぶとよいと思います。中小企業の具体的な事例を知りたい方は拙著『経営感覚を整えるためのカンのメンテナンス』（スタブロブックス2021年5月）で詳しく紹介しています。

3. 会計を勉強するときに大事なこと

会計を勉強する上で大事なことをお伝えします。

それは、会計は挫折する人が多いジャンルであるということです。

本書ではなぜ挫折しやすいのかを知り、その対策を立てることで少しでも会計能力向上に役立てていただきたいと思います。

● 会計が難しい理由

挫折するのは会計が難しいからです。その理由はいくつか考えられます。


まず、経理担当者でもない限り、日常使う機会というのはそうはないでしょう。せいぜい、社長や上司から売上高や利益目標という言葉を聞くくらいだと思います。

また、「貸借対照表」や「キャッシュ・フロー」など耳慣れない言葉が多いことも原因だと思います。


損益計算書くらいであれば、損と益を計算するのかくらいのイメージがあるかもしれませんが、貸借とは何かを貸したり借りたりしているのかと初心者にはイメージがわきにくい言葉が多いです。

会計の本を適当に開いてみると、たくさんの計算式が出てくることが多いです。こうした計算式を見て、なんとなく難しそうと考える方は多いのではないでしょうか。

●まずは会計に慣れよう

繰り返しになりますが会計は独自のルールで成り立っており、日常使う機会が少ないです。

そのため本書では会計の考え方をできる限り日常生活に置き換えてイメージをつけるようにしました。イメージが１００％正しいわけではありませんが、仕事を上手くこなすことに活用するには十分な内容です。

また、耳慣れない言葉が多いですが、いきなり全部覚えようとする必要は全くありません。

「何とか対照表」くらいの曖昧さで大丈夫です。

学校の試験ではないので、見れば分かる、見れば使えることが大事で、記憶力への挑戦ではありません。

いきなり全部覚えようとせず、代表的な物だけイメージをおさえておけば、言葉は自然と身についてくると思います。

会計は複雑な計算が必要っぽいというイメージがあります。

しかし、実は仕事を上手くこなすことを目的に会計を見れば、基本的には足し算、引き算、掛け算、割り算しか使いません。

本書では簿記3級の著者が、初心者から数字の専門家と呼ばれるようになるまでに身につけた「会計はこんな感じ」をお伝えします。

会計は難しく、挫折しやすいジャンルです。

いきなり原理原則を忠実に学ぶのではなく、まずはイメージを身につけましょう。

会計の目的を知ろう

1 税金の計算

会計を理解すると
利益を生むために必要なことは何か？を
分析することができる

難解なイメージの会計ですが、使う目的を見誤らなければ、
必要な学びやスキルが理解できます。
会計の目的は主に3つ、まずはそれらを理解しましょう。

2 投資先探し

3 自分の仕事に役立てる

2 会計の資料

続いて会計の資料についてお話しします。

いよいよ会計っぽい耳慣れない言葉が出てきます。

ただ、このくらいは知っておかないと話が始まらないというのが実情です。

ここでも細かなところは掘り下げず、この会計資料が何を表しているのか日常生活に例えながら解説をしていきます。代表的な会計資料は次の3つです。

1．会計で使用する3つの資料

❶ 貸借対照表（たいしゃくたいしょうひょう）
❷ 損益計算書（そんえきけいさんしょ）
❸ キャッシュ・フロー計算書（きゃっしゅ・ふろーけいさんしょ）
❹ 資金繰り表（しきんぐりひょう）

3つと言っていたのに4つあるじゃないかと思われたと思います。

確かに世間一般的に言われる代表的な会計資料は、3つめのキャッシュ・フロー計算書まで、合わせて「財務三表」と呼ばれたりします。

ただ、中小零細企業においては、キャッシュ・フロー計算書よりも資金繰り表のほうが大事になることが多いので、あえて載せました。

中小零細企業に携わる方も多いと思いますので、3つ＋1で解説していきます。

貸借対照表

バランスシート、省略してBS（びーえす）と呼んだりもします。

一定時点の「会社の財政状態」を表しています。「会社の調達した資金とその使い道」を表しています。と、この辺りから、？が浮かび始める方が多いです。

使い道は資産と呼ばれ、調達した資金は性質に応じて負債と純資産に分かれます。

分かりにくいので、ざっくりと一般家庭で例えてみます。
ある斎藤さんという方を例に、斎藤さんはどんな資産を持っているか調べてみましょう。

斎藤さんの貯金は200万円。その他に300万円の車と3千万円の自宅があります。
合計200万円+300万円+3千万円=3500万円。
これが斎藤さんの持つ資産すべてです。
続いてこの資産を持つために、どうやってお金を用意したのかを見てみましょう。
自宅のために住宅ローンを組んだそうです。ローンは2千万円です。
また、自宅を購入した際にご両親から500万円の援助を受けたそうです。
あとはこれまで働いて貯めたお金でした。

これを貸借対照表っぽくすると次頁のようになります。

貸借対照表っぽくまとめると……

また、冒頭に貸借対照表のことをバランスシートと書きましたが、左側と右側の合計金額が必ず一致することから、バランスの取れたシートというイメージです。

なぜ必ず一致するのかは、もうお分かりですよね。

左側の資産を得るために、どんな調達手段を行ったのか、その内訳が右側。

右側のほうが少なかったら、何かモレているものがあるわけですし、多かったら余ったお金はどこに行った？　となりますね。

簿記の仕組み上、こんなことはあり得ないのですが、バランスシートでバランスがとれていない場合のイメージは次のような感じです。

この資料では「つぶれないかな？　大丈夫かな？」という部分を真っ先に見ます。

お金の調達の仕方や使い方を見ると、危ない会社と安全な会社が見えてきます。

バランスがとれていないバランスシート

ありえないバランスシート

左（持っている資産）の方が多い

持っている資産	どうやってお金を用意した？
合計：3500万円	合計：3200万円

右（用意したお金）の方が多い

持っている資産	どうやってお金を用意した？
合計：3500万円	合計：3700万円

色々な人の資産

結構堅実派

貯金 1000万円　借金 500万円
自宅 1500万円　働いて貯めた 2000万円

実は借金頼み

貯金 1000万円　借金 2200万円
自宅 1500万円　働いて貯めた 300万円

貯金が趣味

貯金 2200万円　借金 200万円
車 300万円　働いて貯めた 2300万円

貯金より物

貯金 100万円　借金 200万円
車 400万円　働いて貯めた 2300万円
自宅 2000万円

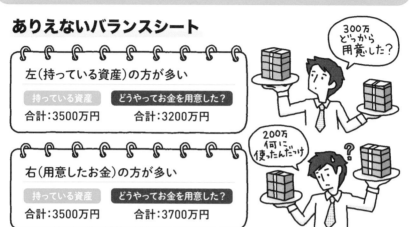

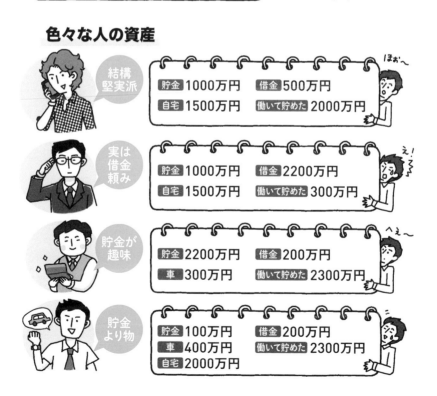

損益計算書

会計資料の中でも、まだ理解しやすいのが損益計算書です。よくPL（ぴーえる）と呼んだりします。英語表記の Profit and Loss statement の略です。

貸借対照表はそのまま読むよりもバランスシートのほうが呼びやすくてよく耳にしますが、損益計算書の英語表記は長いので、日本の中小企業でプロフィットアンドロスステイトメントなんて呼ぶ人は見たことがありません。

この表が何を表しているのかというと、「儲かっているのかどうか」です。

一番上に売上高があって、いろいろ費用を引いたり、売上以外の収入を足したりしていき、最終的な利益を見ます。

並びは適当に並んでいるわけはなく、4段階で構成されています。物やサービス自体の収支、本業での収支、会社全体の通常収支、イレギュラーな収支です。詳しくは2章でお話しますが、このように収入と支出を区分して、4段階の収支状況を把握する表になっています。

この表を見て、会社の収益状況を把握します。

たとえ最終利益が出ていても、どの段階で利益が出ているのかを見ることで、会社に対する見え方が変わってきます。

損益計算書のしくみ 一般家庭Ver.

4段階で収支の区別がされていて
状況が把握できる。詳しくはP102～

第1段階：手取りの収入

第2段階：家計の収支

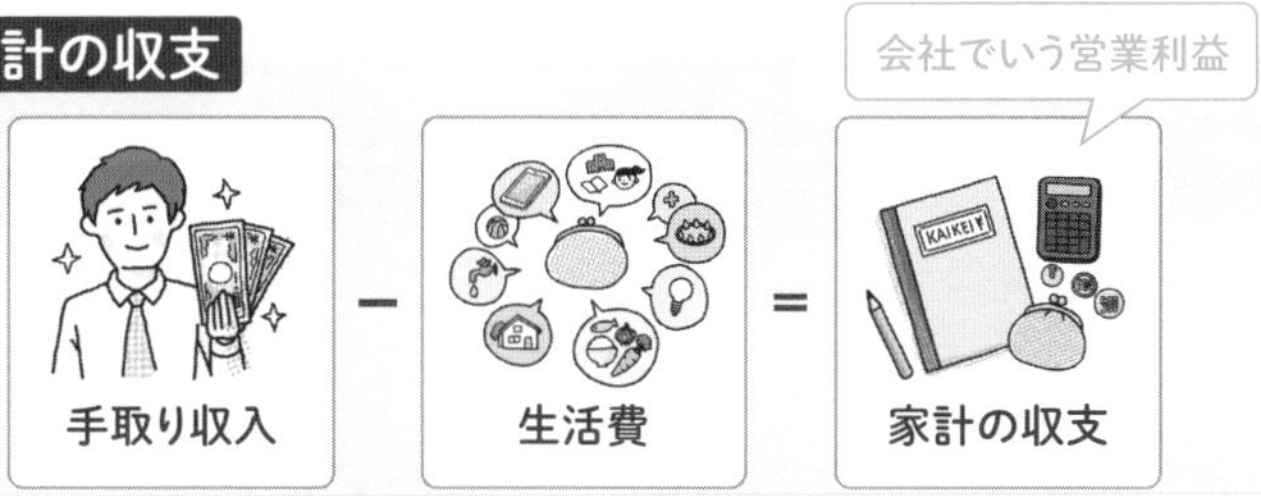

第3段階：一家全体の通常収支

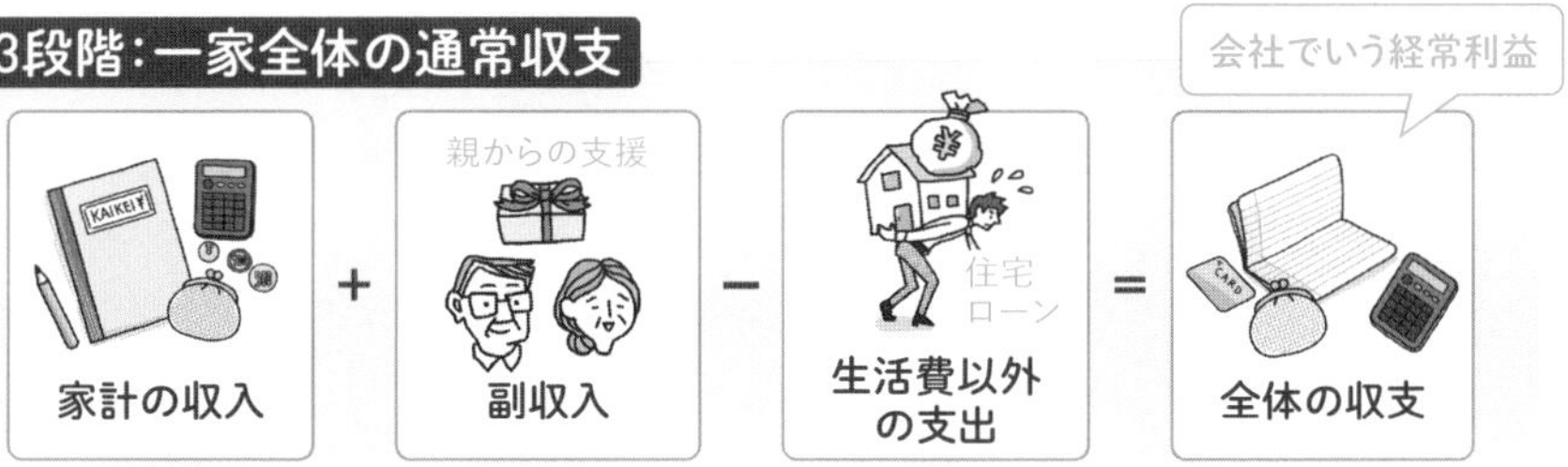

第4段階：イレギュラーな収支

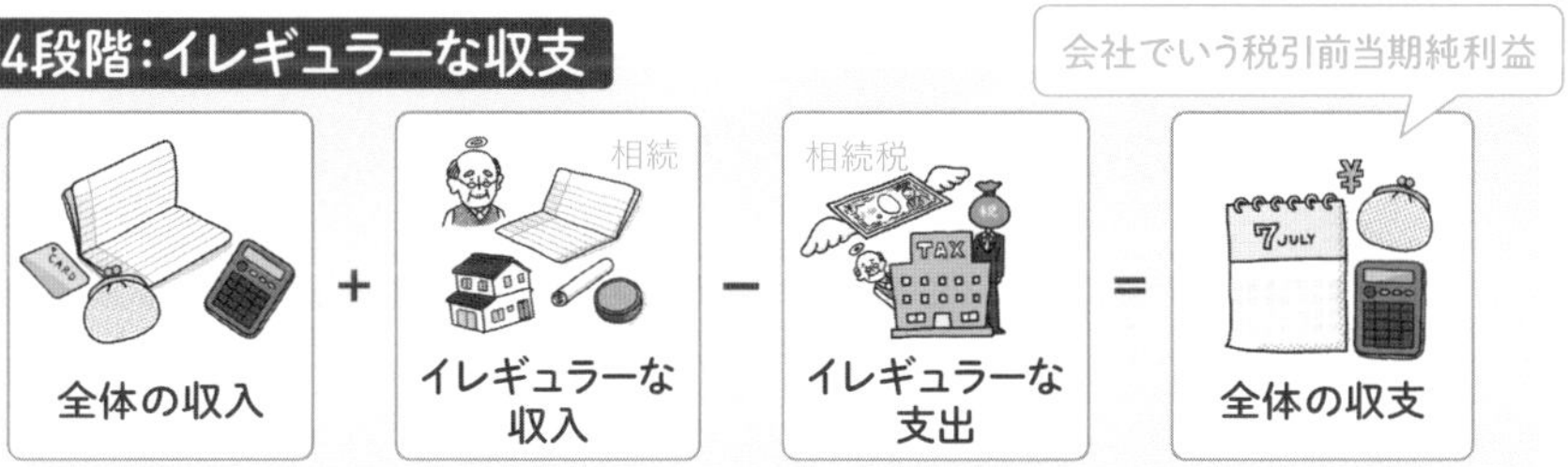

キャッシュ・フロー計算書

続いてキャッシュ・フロー計算書を見ていきます。

財産の状態を見る貸借対照表。

儲かっているかを見る損益計算書。

キャッシュ・フロー計算書は、**「お金の流れを見る資料」**です。

ちなみにキャッシュ・フロー計算書は英語表記のCash Flowを略してCF（しーえふ）計算書と記載したりしますが、「CF計算書」と呼ぶことはほぼありません。

もっぱら「キャッシュフローの状態は」とか次項の「資金繰りは」というような会話をしています。


キャッシュ・フロー計算書の中身は、第2章で詳しく見ていきますので、ここでは割愛します。

それよりも、キャッシュ・フローという耳慣れない言葉のイメージを本項では解説します。

キャッシュ・フローについての話も、初心者の方がつまずきやすい項目です。

キャッシュ・フローの説明として、現金（キャッシュ）の流れ（フロー）と説明されることがよくありますが、分かったような分からないような、とにかく難しいイメージがあります。

「損益計算書があるのに、なぜキャッシュ・フロー計算書というものがあるのか」と質問をいただいたこともあります。

利益とキャッシュ・フローは何が違うのかということが、なかなか理解しにくいようです。

実は、日常生活においては利益という考え方は一般的ではありません。

むしろ、どの方もキャッシュ・フローの考え方が自然とできています。逆に当たり前すぎて気がついていないのかもしれません。

例えば漫画に出てくる昭和時代の母親は、手書きの家計簿を見ながら、

「はあ、今月も赤字だわ」

とため息をついています。

これこそがキャッシュ・フローの考え方です。

一方、利益という考え方は、株式投資等をしていると分かりやすいと思います。

山田さんが1万円で買った株が2万円で売れた。手数料500円を差し引いて、1万9500円が入金された。さて、1万9500円のお金が入った山田さん。今日は晩御飯にご馳走を食べようと5千円を使った。

このとき、山田さんは株式投資でいくら儲かったのか。

売れた価格2万円—買った価格1万円—手数料500円—晩御飯5千円＝4500円の儲け……　とはならないでしょう。

晩御飯にご馳走を食べたのは、株式投資とは何の関係もありません。

売れた価格2万円—買った価格1万円—手数料500円＝9500円の儲け。

と考えるのが普通だと思います。

一方、山田さんの財布の動きとしては、

1万9500円の入金—5千円の晩御飯＝1万4500円　お金が増えたことになります。これがキャッシュ・フローです。

儲けとキャッシュ・フローの違い

“儲け” は……

利益の計算、株式投資でいくら儲かったか

“儲け”と“お金の流れ”は違う！

売れた価格 2万円 − 買った価格 1万円 − 手数料 500円 − 晩御飯 5千円 = 4500円（儲け）　NG ✕

売れた価格 2万円 − 買った価格 1万円 − 手数料 500円 = 9500円（儲け）　OK ○

“キャッシュ・フロー” は……

お金がいくら出入りしたか

入金 1万9500円 − 晩御飯 5千円 = 1万4500円（お金が増えた！）

ようは、利益というのはある収入に対して、それに関係した費用を差し引いて、その収入を生んだ出来事でいくら儲けが出たのかを計算した結果。

キャッシュ・フローは、儲けとは関係なく、ある期間にいくらのお金が出入りしたのか計算した結果です。

余談ですが、私がサラリーマンを辞めて独立したとき、利益とキャッシュ・フローの違いを痛感させられました。

収支としてはサラリーマン時代とほとんど変わらなかったのですが、キャッシュ・フローの面で大きく状況が変わったからです。

それは、このような仕組みです。

分かりやすくするため、サラリーマン時代も独立後の収入（独立後は事業費用を引いた純粋な収入）も同じく年間120万円とします。生活費などの経費も分かりやすく、どちらも月5万円（年間60万円）としましょう。

サラリーマン時代も、独立後も年間で見れば120万円の収入と60万円の経費で、年間の収支は同じです。

しかし、サラリーマン時代は毎月5万円の貯金ができるのに対して、独立後は11月まで5万円お金がなくなっていくことになります。

このようにお金の入り方が異なるため、生活はとても苦しくなったのです。

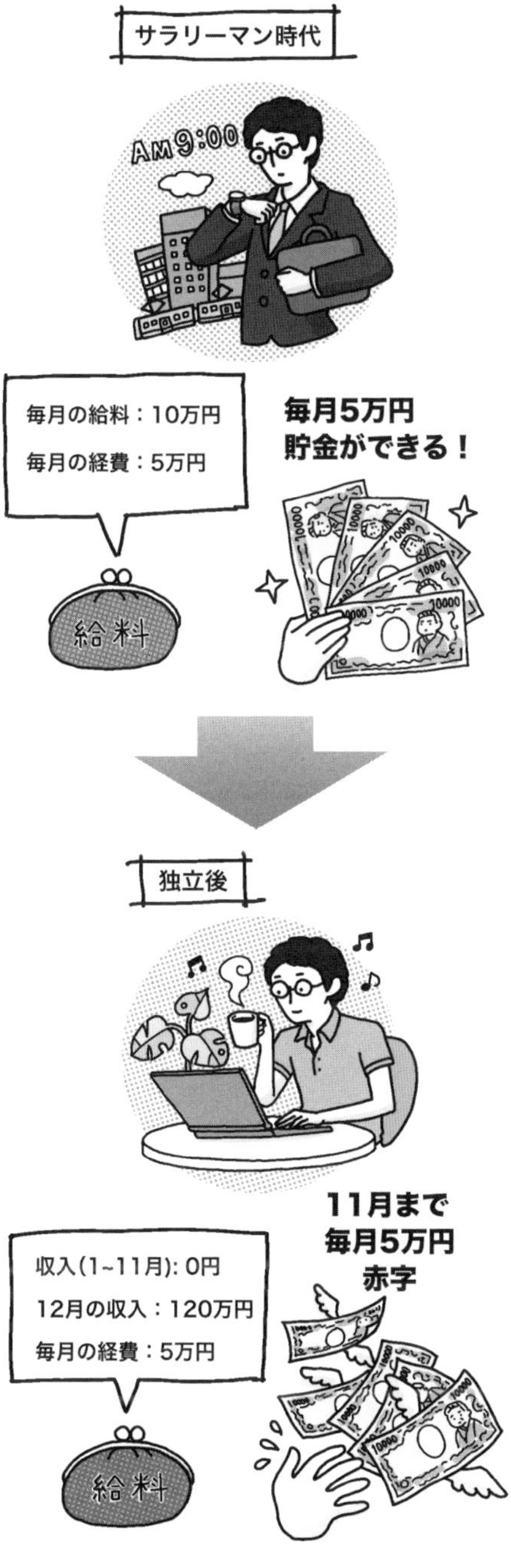

資金繰り表

これまで利益とキャッシュ・フローの違いを見てきましたが、それをより詳しく見るのが資金繰り表です。

企業の家計簿と言ったほうが分かりやすいでしょうか。キャッシュ・フロー計算書との違いは、書式がフリーであることです。こうしなければならないという決まりはありません。

また、キャッシュ・フロー計算書は過去の報告書として作成されるケースが多いですが、資金繰り表は**未来のお金のやり繰りをするために作成することが大半**です。

投資家や金融機関などへの外部報告資料としての意味合いが強いキャッシュ・フロー計算書は、当然世間のルールに則って作成されます。

お金が足りるのか足りないのか、足りないのであればどうやり繰りをするのかを考えるための資料である資金繰り表は、会社や資金繰りの担当者が分かれば良いので、自分が分かりやすい書式で作ればいいのです。

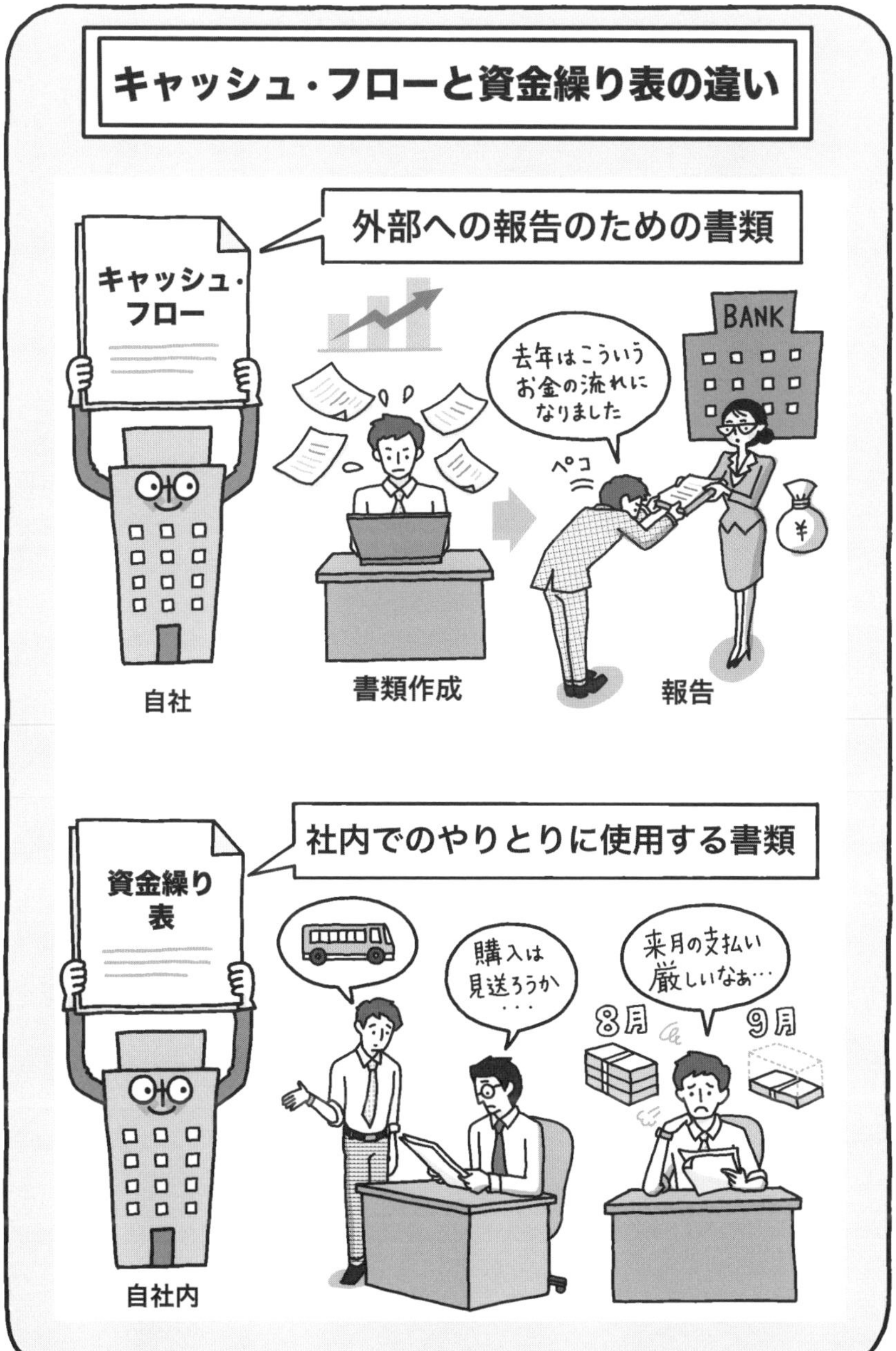
キャッシュ・フローと資金繰り表の違い
外部への報告のための書類
キャッシュ・フロー
去年はこういう お金の流れに なりました
BANK
ペコ
¥
自社
書類作成
報告
社内でのやりとりに使用する書類
資金繰り表
購入は 見送ろうか ・・・
来月の支払い 厳しいなぁ・・・
8月
9月
自社内

2. 会計資料の関係性

最後にこれまで見てきた会計資料の関係を整理します。

ここで貸借対照表を2年分持ってきます。去年と今年の2年分です。去年と今年では、資産の状況が変わっているので「持っている資産」や「どうやってお金を用意したか」に変化が生じています。

その中で「利益」、家庭で例えた場合は「働いて貯めた」部分を教えてくれるのが損益計算書です。次頁の図では去年から今年で200万円プラスとなっています。

このプラス200万円の内容が、今年の損益計算書に書かれています。

また、貸借対照表の「現預金」、家庭で例えた図では「貯金」部分を教えてくれるのが、キャッシュ・フロー計算書です。図ではプラス50万円です。このプラス50万円の内容が、今年のキャッシュ・フロー計算書に記載されています。

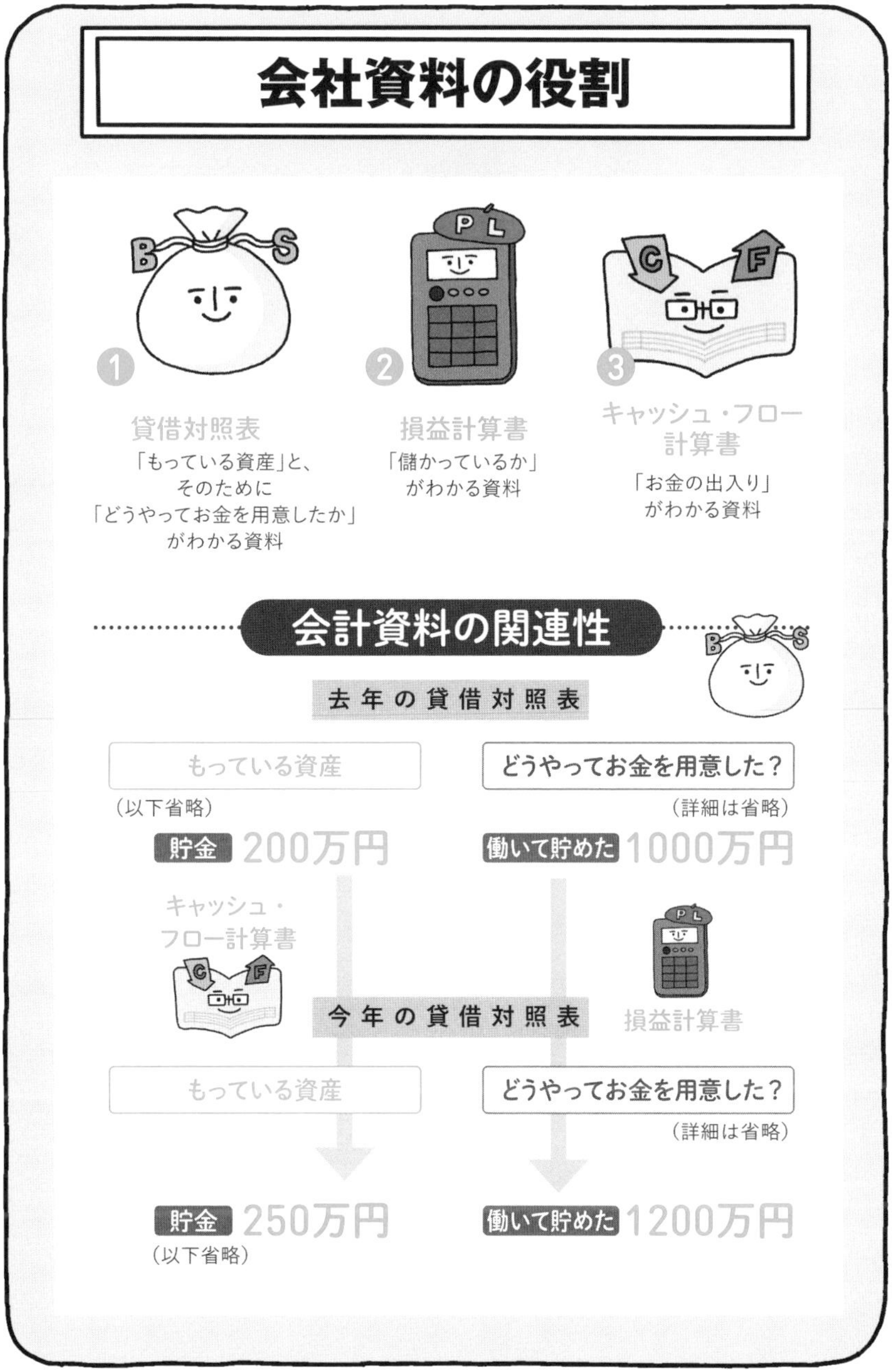
会社資料の役割
1
貸借対照表
「もっている資産」と、
そのために
「どうやってお金を用意したか」
がわかる資料
2
損益計算書
「儲かっているか」
がわかる資料
3
キャッシュ・フロー
計算書
「お金の出入り」
がわかる資料
会計資料の関連性
去年の貸借対照表
もっている資産
(以下省略)
貯金 200万円
どうやってお金を用意した?
(詳細は省略)
働いて貯めた 1000万円
キャッシュ・
フロー計算書
損益計算書
今年の貸借対照表
もっている資産
どうやってお金を用意した?
(詳細は省略)
貯金 250万円
(以下省略)
働いて貯めた 1200万円

3 会計の使い方

ここまで見てきた会計資料をどう使うか、会計の使い方についてお話します。会計を使おうというシーンは日常生活と同じです。

1．定点観測

毎年健康診断の時期になると、再検査に引っかかったとか、○○の数値が改善したとか、日常の中でそんな会話が交わされるシーンが増えてきます。定期的に身体の状態を明らかにされることで、健康に留意される方も多いと思います。

会計の使い方の1つ目としては、会社の定期健康診断です。

決算数値等を定期的に観測して、自社が不健康な状態になっていないかを確認し、数値が悪ければ人間と同じく対処方法を考えていきます。

投資先や融資先であれば、相手の状態を確認しこのまま様子を見るのか、追加の支

会計の使い方

①定点観測　健康診断のような位置づけ

②原因を調査する　わかっている課題の調査

援を行うのか、それとも引き上げるのか、判断の材料となります。

2．原因の調査をする

定期健康診断の結果、あるいは自主的に、数値改善のために何らかの対処方法を考えないといけない。

こうしたとき、単に特定の数値が良い、悪いだけを見ても解決策は思いつけません。

例えば、ここ最近の食事メニューを調べてみる、歩いた歩数を調べてみる、飲み会は多くなかったか等、特定の数値を変化させた原因を探ることで、解決のヒントになることがあります。

会社や仕事も同じで、売上が下がった、上がったことだけに注視しても意味がありません。

仕事で活かすのであれば、上がった原因、下がった原因を調査して、良いことは再現し、悪いことは改善することが大事です。

ただ会計の使い方は、冒頭でお伝えした会計の目的の違いとリンクしています。

税金を計算することが目的の方は、定点観測すらする必要がありません。

投資先（融資先）を見つけることが目的の方は、定点観測で判断することがほとんどです。多くの会社を見て判断するため、個別の会社一つひとつを原因の調査まで踏み込むのは効率が悪いです。

しかし、自分の仕事に役立てることが目的の方は、原因の調査まで踏み込む必要があります。

章のまとめ

- □ 会計には3つの目的があり、
目的に合わせた勉強が必要
- □ 目的には大きく「作る」と「見る」がある
- □ 「見る」は大きく「他社の評価」と
「自分の仕事に役立てる」がある
- □ 会計は難しいので細かなことは置いておいて、
まずは会計に慣れることが大事
- □ 会計で使用する基本的な資料が3つ＋1ある
- □ 貸借対照表は「持っている資産」と
「どうやってお金を用意したか」を知る資料
- □ 損益計算書は「儲かっているか」を知る資料
- □ キャッシュ・フロー計算書は
「お金の流れ」を知る資料
- □ 利益とキャッシュ・フローは違う
- □ 資金繰り表は「お金のやり繰り」をするための
重要な資料
- □ 会計の使い方は「定点観測」と「原因調査」
- □ 評価だけなら「定点観測」で可能
- □ 仕事に役立てるなら「原因調査」まで
踏み込む必要がある

第2章
イメージで把握する会計

難解？大丈夫!! 押さえておきたい会計資料

第1章では会計の全体像をお話しましたが、本章では会計の資料を掘り下げてお伝えしていきます。

仕事で会計を活用するためには、貸借対照表や損益計算書といった会計資料の中身について知っている必要があります。

これからの内容には初心者でもわかりやすいもの、知っておいてほしいものから難しいものまであります。中には最初は読み飛ばしていただいて、会計のイメージが付いてから読んでほしい項目もあります。

そこでタイトルに（読み飛ばしＯＫ）とマークを付けておきます。

このマークの部分は初心者には難しく、先に読まなくても話が分かる項目ですので、難しいなと思ったら読み飛ばしてください。

なお、第2章はボリュームが多いので2つに分けました。
2章―1では、簿記の基本と貸借対照表までをお伝えします。
2章―2では、損益計算書とキャッシュ・フロー計算書についてお伝えします。

2章―1

1 簿記の基本

まず簿記の基本をお伝えします。簿記は会計資料を作る作業です。日々の取引を記録し、最終的には決算申告書を作成するというのが簿記の流れです。

会計資料を仕事で役立てる際に、簿記の細かなルールまで熟知している必要はないと思います。ただ最低限これくらいは知っておかないと、話が通じなかったり会計資料の内容を誤解してしまったりする可能性があります。ここでは次の項目を解説します。

- 勘定科目とは
- 勘定科目はどれを選べばいい？
- 単式簿記と複式簿記
- 借方と貸方って？
- 現金主義と発生主義
- 月次試算表

勘定科目とは

簿記では勘定科目という言葉が頻繁に出てきます。この勘定科目とは何かというと、取引の内容をグループにしたものです。

簿記は日々の取引を記録していきます。例えば、

駅前広告に20万円支払った
取引先と食事に行って5万円支払った
チラシを印刷してもらい30万円支払った
コピー用紙を注文して5千円支払った

インターネット広告に7万円支払った
取引先の開店祝のためにお花を注文して1万円支払った

というように、様々な取引の内容が記録されていきます。この取引をグループにまとめるのが勘定科目です。

ところで、取引をグループにまとめないとどのような不都合が生じるのでしょうか。大きく2つの問題が生じてくると思います。

1つは「資料が膨大になる」という問題です。

1日5つの取引があったしても、年間で1800件以上の取引が記録されることになります。これがダラダラと並んでいたとしたらとても読む気がしないと思います。小さな個人店でも印刷すれば軽く200ページを超える会計資料が出来上がります。紙の国語辞典のような会計資料を見れば、「数枚にまとめてほしい」と思うことになるでしょう。

2つ目は、「読みにくい」ことです。

資料が膨大だと全体像が把握しにくいです。「年間どのくらい広告にお金を使ったかな」と思えば、資料の中から広告に該当する取引を探し、集計しなければいくら使ったのかが把握できません。

勘定科目というグループが存在することで、集計が行いやすく資料の枚数も抑えられ、全体を把握しやすくなります。

日々の取引
コピー用紙
注文
5千円
ネット広告
7万円
駅前広告に
20万円
CAR
ゴチャ
お祝いの花
1万円
取引先と
食事
5万円
ゴチャ
ゴチャ
まとめると
とても分かりやすく
整理されている
接待交際費
グループ
スッキリ!
広告宣伝
グループ
分かりやすい
名前がよい
消耗品
グループ

勘定科目はどれを選べばいい？

勘定科目という便利なグループですが、「作る」ことを仕事にする場合、「この取引はどの勘定科目にすればいいのか」と疑問を感じる方が多いです。

結論としては、減価償却費など一部の特殊な勘定科目を除けば、気にする必要はありません。

おすすめの方法として、インターネットで「ボールペン　勘定科目」というように検索すれば、一般的にどの勘定科目に属するのかが分かります。

ところが初心者の悩みどころは、「消耗品費」という勘定科目にするサイトもあれば、「事務用品費」とするサイトもあり、「どちらにすればいいのだろうか」と悩むことですが、そこはどちらでも良いのです。

そもそも勘定科目自体を自分で作ることも可能です。

なぜこれがＯＫなのかというと、名前が何であれ税金の計算には影響がないからです。

消耗品費だろうが、事務用品費だろうが、ボールペン購入費だろうが、税金の計算の元になる利益の額に変わりはありません。

むしろ、この自由に名前を作ることができるという性質を活かして、自社が分かりやすい名前の勘定科目を作って売上や経費を管理しやすくすることも可能です。

ただし、2点注意が必要です。

1つは一度決めた勘定科目はコロコロ変えないことです。同じボールペンを購入したのに、1月10日に買った分は「消耗品費」で、2月3日に買った分は「事務用品費」とバラバラになると、集計結果がおかしくなってしまいます。

もう1つは、分けることで分かりやすくなりますが、勘定科目が増えすぎると分かりにくい資料になります。

そもそも分かりやすいように勘定科目というグループでまとめていったのに、勘定科目を増やし過ぎて分かりにくくなれば本末転倒です。

単式簿記と複式簿記

取引の記録の仕方には、単式簿記と複式簿記があります。

単と複の違いは、取引を1つの勘定科目に絞って記録するか、複数の勘定科目で記録するかの違いです。

例として、同じ取引を単式簿記と複式簿記で表現してみました（図P66から）。

単式簿記は**現金の流れを記録**しています。そのため、収入と支出は現金の増減を表します。摘要という言葉も日常で耳にすることはありません。**取引の内容を示したメモのようなもの**とお考えください。売上高なら何が売れたとか、誰に売れたとか、複数のお店を持つ会社ならどの支店で売れたとか。**後から見返した際に、どんな取引だったのか分かるようにしておくもの**です。

複式簿記は、何やら「借方」とか「貸方」という見慣れない言葉がありますが、これは次項で解説しますので、一旦は無視してください。

単式と複式の表現の違いに着目してほしいと思います。

単式簿記のイメージは、家計簿やおこづかい帳です。複式簿記に比べてシンプルな表になっています。現金が増えたか減ったかを収入と支出で表し、その原因を適用に記入するだけです。

一方、複式簿記はごちゃごちゃした表になっています。勘定科目と金額が記録され同じ勘定科目、例えば「現金」が左にあったり右にあったりします。

単式簿記であれば勘定科目を書かなくても現金の増減が分かります。

しかし、複式簿記は単式簿記の様に現金だけを追いかけていません。そのため、何の勘定科目が増減したのか、金額の前に説明しないと分からない仕組みになっています。

単式簿記のメリットは、シンプルな表なので作成が簡単です。家計簿を付けるように作成できます。一方、この表だけでは取引全部を管理できないという弱点があります。

P62〜63の図を見てみましょう。1月20日の例を見ると、

単式簿記では10万円の取引があったと分かります。
しかし、実は売上全体は22万円で、10万円は現金で受け取り、残り12万円は後日受け取るという約束になりました。

このような場合、12万円については現金の動きがまだ生じていないので、記録に残らないのです。別途売上台帳や売掛金台帳等を作成して管理しないと、全体が分からなくなります。

複式簿記の場合は、すべての取引内容を記録できています。

左側（借方）には、
現金で10万円
売掛金（まだ受け取っていない代金）が12万円
あることが分かり、

右側（貸方）を見ると、売上高が全部で12万円あったことが分かります。

このように取引全体を見ることができる複式簿記と、不完全な形の単式簿記。

自分一人で管理しているのであれば不完全な形でも自己責任で良いのですが、ほとんどの企業は株主や金融機関などから何らかの支援を受けています。

関係者にきちんと説明をするためにも、単式簿記ではなく複式簿記で記録される会社がほとんどと言ってもよいでしょう。

ちなみに一般的に「簿記の勉強」というと、この複式簿記の記録の仕方を勉強することになります。

複式簿記と単式簿記をもっと詳しく！

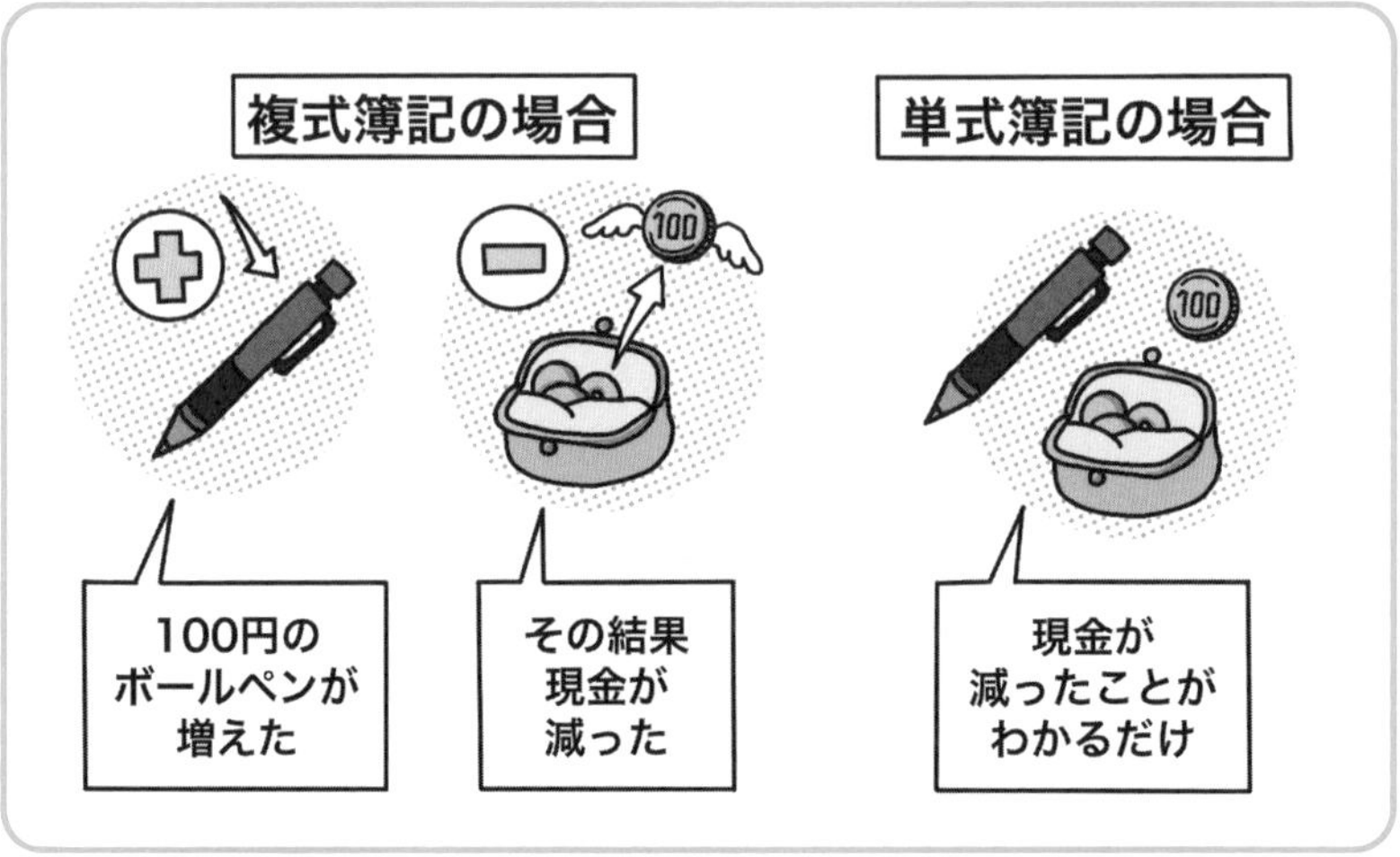

複式簿記の場合
100
100円のボールペンが増えた
その結果現金が減った
単式簿記の場合
100
現金が減ったことがわかるだけ

複式簿記

なるほど

日付	摘要	借方	貸方
1/5	A商店	現金5万円	売上高5万円
1/8	B商店	仕入高2万円	現金2万円
1/20	C商店	現金 10万円 売掛金12万円	売上高22万円

取引全体を見ることができる

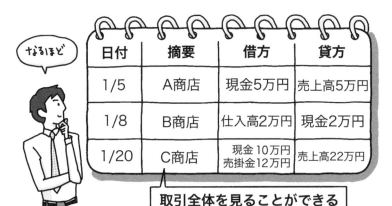

項目を詳しく書いて記録しておく複式簿記と、お金の出入りのみを記入する単式簿記。同じ出来事で、記入の仕方はどう変わるのか、イラストや図を使ってわかりやすく解説してみます。

出来事

1/5
商品を売って5万円の現金を受け取った

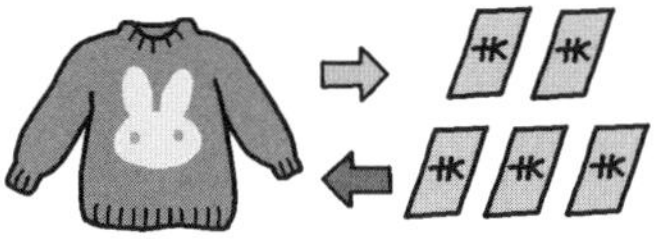

1/8
商品を仕入れて2万円を現金で支払った

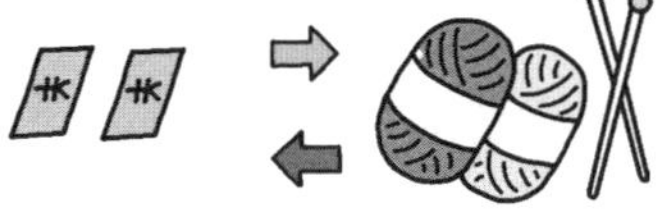

1/20
商品を売って10万円の現金で12万円は来月受け取ることになった

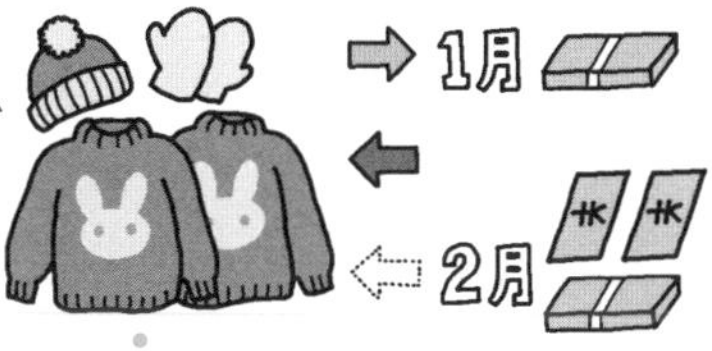

単式簿記

日付、収入、支出という、シンプルな「お小遣い帳」のようなイメージです。

日付	摘要	収入	支出
1/5	売上A商店	5万円	
1/8	仕入B商店		2万円
1/20	売上C商店	10万円	

細かい取引内容は別資料が必要

読み飛ばしOK

借方と貸方って？

簿記のお話をしてきたので、頻出の借方と貸方についても解説しておきます。

よく借方の「り」が左にはらっているので左側、貸方の「し」は右にはらっているので右側のことと言ったりします。

覚える際の定番ネタで、「どちらが借方だっけ」という問題は、この覚え方で解決できると思います。

ただ、簿記で本当に苦労するのは借方貸方という名前ではなく、どちらの勘定科目を、左に置くのか右に置くのかということです。

10万円の商品を売って、現金10万円を受け取ったこのとき

10万円の売上があった ▼ 勘定科目　売上高

10万円の現金を得た ▼ 勘定科目　現金

という2つの内容があります。

さて、どちらを左に置いて、どちらを右にするのかが大事なところです。

左と右の名称など、この問題に比べれば些末なものです。

ここできちんと説明すると、まずこんがらがります。

なので、この一言で大体が解決するという説明をします。大体なので１００％ではありませんが、感覚的に9割くらいはカバーできます。

「左側に手に入れたもの、右側にその原因」

これで大体のことは解決します。


10万円の商品を売って、現金10万円を受け取った

この場合、手に入れたものは何でしょうか。
現金10万円です。
これを左側に書きます。
その原因は何かと言うと、
10万円の売上があったからです。
これを右側に書きます。

私もときどき、左と右どちらだっけとなることがあります。そのときには、「～を手に入れた　なぜなら～だから」と頭の中で文章にします。

そして、文章の順番に左（借方）と右（貸方）に勘定科目を入れています。

手に入れたものを左、その原因を右に書くやり方について、他の例を見ていきましょう。

建物を現金100万円と後払い（未払金）100万円で購入した

左（借方）　建物200万円を手に入れた

右（貸方）　なぜなら、現金100万円と未払金100万円を払ったから

先月の売上50万円（売掛金）が預金口座（普通預金）に入金された

左（借方）　普通預金　50万円を手に入れた

右（貸方）　なぜなら、売掛金50万円を回収したから

コピー用紙5千円（消耗品費）を購入し、現金で支払った
左（借方）　消耗品費　5千円を手に入れた
右（貸方）　なぜなら、現金5千円で購入したから

このように、手に入れたものと理由を並べると分かりやすいのですが、一部取引については日本語としておかしくなります。例えば、

予約1万円（売上高）がキャンセルになり、現金1万円を返金した

この場合、素人感覚では失うものはあっても得たものはありません。しかし、左と右が因果関係にあることは変わりません。手に入れたものが左側にくることが基本なので、失った場合は右側に書けばいいのです。そして反対の左側にはその原因を記載します。

左（借方）　なぜなら、売上高1万円がキャンセルとなったから
右（貸方）　現金1万円を失った

借方と貸方

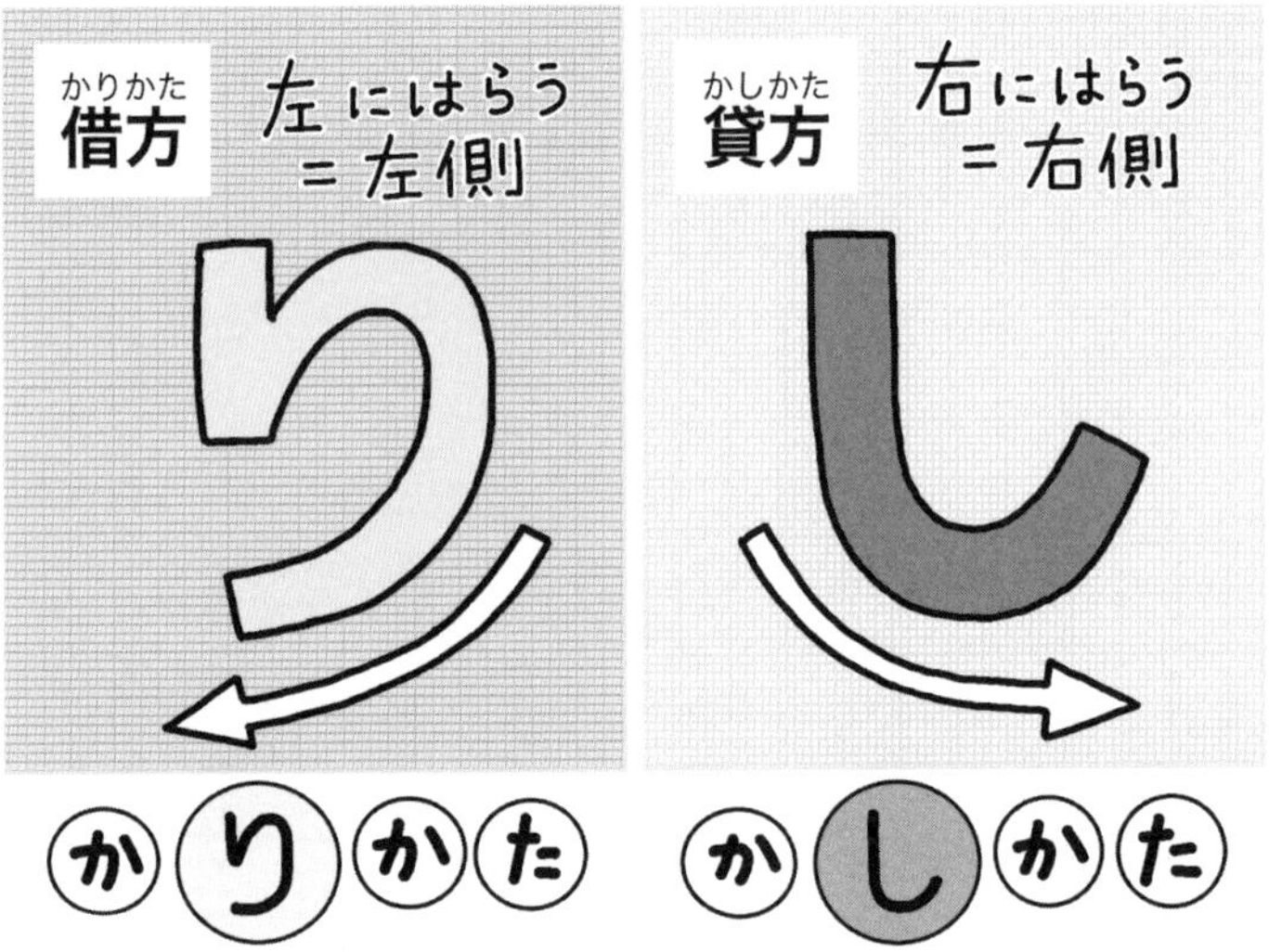

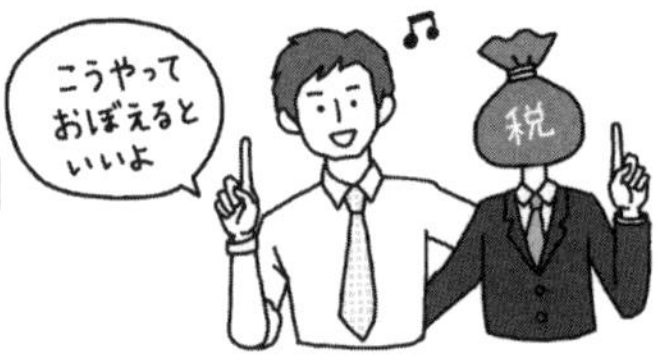

手に入れたもの

現金10万円

原因

売上高が
10万円あった

「現金10万円」を
手に入れた

なぜなら

「売上高が10万円」
あったから

借方	貸方
現金 10万円	売上高 10万円

同額

借方、貸方という聞きなれない言葉が出てきましたが、やり方さえ覚えればすぐに使えるようになります。左側に「手に入れたもの」、右側に「原因」を記入する、というルールを覚えておくといいですよ。

やってみよう

本文に書かれている例を、実際の表に落とし込んでみます。慣れると簡単ですよ！

P66の例 先月の売り上げ50万円（売掛金）が、預金口座（普通預金）に入金された

借方	貸方
普通預金50万円	売掛金50万円

普通預金50万円を手に入れた

なぜなら、売掛金50万円を回収したから

P67の例 コピー用紙5千円（消耗品費）を購入し、現金で支払った

借方	貸方
消耗品5千円	現金5千円

消耗品費5千円を手に入れた

なぜなら、現金5千円で購入したから

読み飛ばしOK

現金主義と発生主義

現金主義と発生主義とは、いつの時点で売上高や経費として計上するかの違いです。

これまで取引の内容を、勘定科目を使って記録していくとお話ししてきましたが、どの時点で売上高や経費に計上するのかという点は、実はとても重要です。

現金主義は現金や預金が動いた時点で計上を行い、発生主義は現金預金の動きに関係なく、取引の効果が生じた時点で計上します。

この2つの違いは大きく、主義の違いにより決算資料の数値が大きく変わってきます。

例として、同じ取引を現金主義と発生主義で計上した場合を見てみましょう。

現金主義と発生主義

取引カレンダー

日付	取引
1/1	12月に提供したサービスの代金100万円が入金された
1/3	お客様にサービスを提供し代金50万円を受け取った
1/15	12月に仕入れた消耗品の代金20万円を支払った
1/20	お客様にサービスを提供したが、代金20万円の受取は来月10日となった
1/31	1月に仕入れた消耗品30万円の請求書が来たので、来月12日に支払う予定である

現金主義

売上高……150万円
消耗品費…20万円
利益………130万円

発生主義

売上高……70万円
消耗品費…30万円
利益………40万円

主義によって決算資料の数値が大きく変わる!

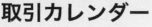

同じ取引でも、現金主義で計上した場合と発生主義で計上した場合、各勘定科目の数値が異なるのが分かります。

両主義によって、どの取引が勘定科目として計上されたのかを見てみましょう。

現金主義は現預金が動いた取引が対象になります。受け取ったり支払ったりしたときに取引として記録されます。

発生主義は効果が発生したかで判断しますので、1月に関わる取引が対象になります。実際に受け取ったか支払ったかに限定されません。

そして、この期間に関係のない売上高や経費は、売掛金（未回収の売上高）や買掛金（未払いの仕入高）、未払費用（未払いのその他経費）といった勘定科目を使用します。

なお、原則としては発生主義で計上しますが、中小企業では現金主義も多く、ハイブリッド型も存在します。

このため、今見ている会計資料が現金主義で作られているのか、発生主義で作られているのかを確認してから見ないと、判断を誤ることになります。

現金主義か発生主義か要チェック！

現金主義 現金の動きで判断

お金の動きがあったら記録する

1/1　12月に提供したサービスの**代金100万円が入金**された

1/3　お客様にサービスを提供し**代金50万円を受け取った**

1/15　12月に仕入れた消耗品の**代金20万円を支払った**

1/20　お客様にサービスを提供したが、
代金20万円の受取は来月10日となった

1/31　1月に仕入れた消耗品30万円の請求書が来たので、
来月12日に支払う予定である

発生主義 効果がいつ発生したかで判断

取引があったら記録する

1/1　12月に提供したサービスの
代金100万円が入金された

1/3　**お客様にサービスを提供**し代金50万円を受け取った

1/15　12月に仕入れた消耗品の代金20万円を支払った

1/20　**お客様にサービスを提供**したが、
代金20万円の受取は来月10日となった

1/31　**1月に仕入れた**消耗品30万円の請求書が来たので、
来月12日に支払う予定である

月次試算表

簿記で日々の取引を記録していく中で作成されるのが、月次試算表です。月ごと（月次）に試しに作られる表（試算表）です。

通常、月次試算表と言うと、月々の貸借対照表と損益計算書のことを指します。また、決算書と言うと年間の貸借対照表と損益計算書のことを指します。

仕事で使う場合は、決算書以上に月次試算表が重要になります。年間トータルだけでなく、季節変動やターニングポイントを知るためには年間の成績だけを見ていては大雑把過ぎます。月の推移を見るために月次試算表を確認することが大事です。

1年のトータルを入れる

（単位：千円）

e	Jan	Feb	Mar	Total

あると便利！ 月次試算表

毎月ってちょっとめんどくさい？
でも、月次試算表を作るのはいいことだらけです。

月次試算表（例）、損益計算書

損益計算書
○○株式会社　○期（200○年4月1日～200○年3月31日）

区　分	○期	○期/Apr	May	Jun	Jul	Aug	Sep	Oct	
売上高									
売上原価									
売上総利益									
販売費・一般管理費計									
営業利益									
受取利息・割引料									
受取配当金									
有価証券売却益									
為替換算損益									
雑収入									
営業外収益									
支払利息・割引料									
繰延資産償却費									
雑損失									
営業外費用									
経常利益									
貸倒引当金戻入									
その他特別利益									
前期損益修正益									
特別利益									
固定資産除却損									
その他特別損失									
特別損失									
税引前当期純利益									
法人税・住民税・事業税									
当期純利益									

項目は
通常の損益計算書と同じ

月々の金額を書き込む

月次試算表を作ると……

感覚的に事業をするのではなく、常に客観的に事業を見ることができるので、軌道修正もすぐでき、感覚のズレも修正することができるのでおすすめです。

簿記のキホンのまとめ

借方と貸方

手に入れたものは左、その原因は右、と覚えておきましょう。

手に入れたもの	原因
現金10万円	売上高が10万円あった

「現金10万円」を**手に入れた**
なぜなら「売上高が10万円」あったから

借方	貸方
現金　10万円	売上高　10万円

現金主義と発生主義

現金主義

売上高	150万円
消耗品費	20万円
利益	130万円

お金の動きがあったら記録

発生主義

売上高	70万円
消耗品費	30万円
利益	40万円

取引があったら記録

主義の違いによって利益が変わることに注意

難しいイメージがある簿記ですが、
超基本的なことだけ押さえておけば、
会社資料や決算書を正しく読むことができます。

勘定科目はグループ

帳簿をわかりやすくするために必要なのが勘定科目です。

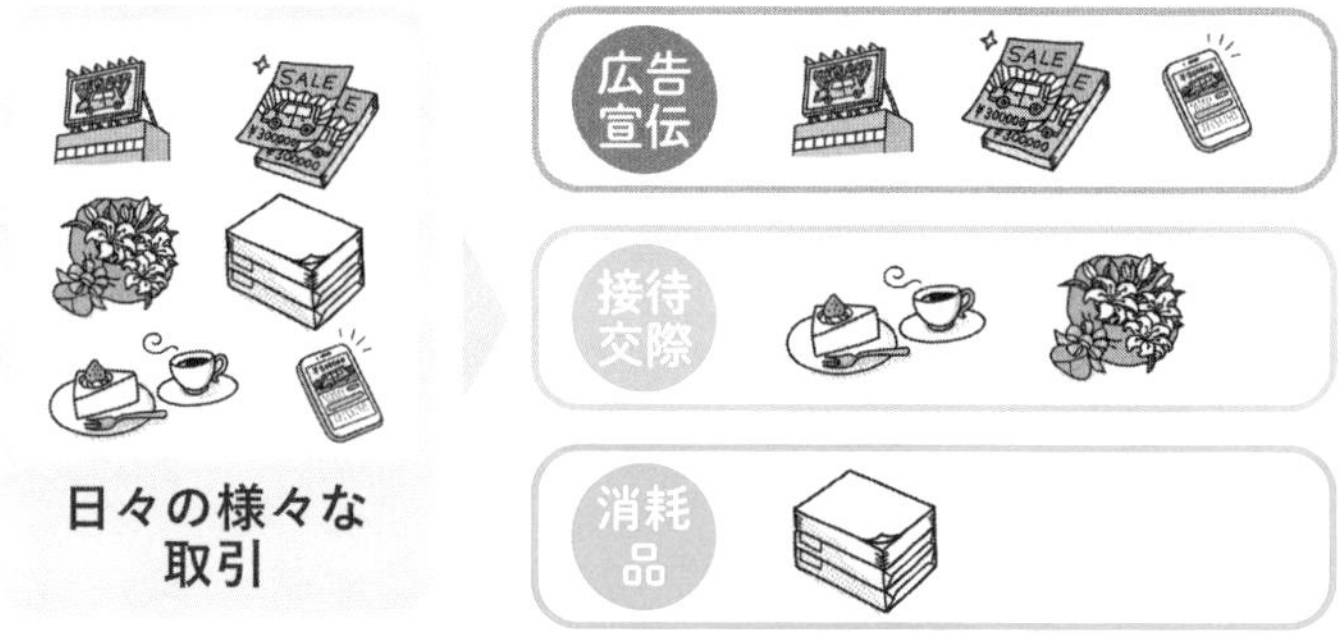

単式簿記と複式簿記

お金の出入りを記載するのが単式簿記、
細かく内容を書くのが複式簿記です。

単式簿記 お金の取引に絞って記録

日付	摘要	収入	支出
1/5	売上　A商店	5万円	
1/8	仕入　B商店		2万円
1/20	売上　C商店	10万円	

複式簿記 複数の勘定科目で記録

日付	摘要	借方	貸方
1/5	A商店	現金　5万円	売上高　5万円
1/8	B商店	仕入高　2万円	現金　2万円
1/20	C商店	現金　10万円 売掛金　12万円	売上高　22万円

2 会計資料の深掘り　貸借対照表

各資料の大きなイメージは第1章でお伝えしましたが、より深く解説していきます。

貸借対照表とは会社の調達した資金とその使い道を表す資料として、一般家庭を例に見ていきました。

左側が「もっている資産」、右側が「どうやってお金を用意した?」かを表しています。

貸借対照表の3つの箱

貸借対照表をスマートフォンで検索していただくと、次頁図のような3つの箱で表された図が出てきます。これが基本的な形と考えてください。

ただ、箱が3つになっても左側と右側に記載されている意味は同じです。

右側の「どうやってお金を用意した?」を、「負債」と「純資産」という2つのグループに分けただけにすぎません。

貸借対照表の3つの箱

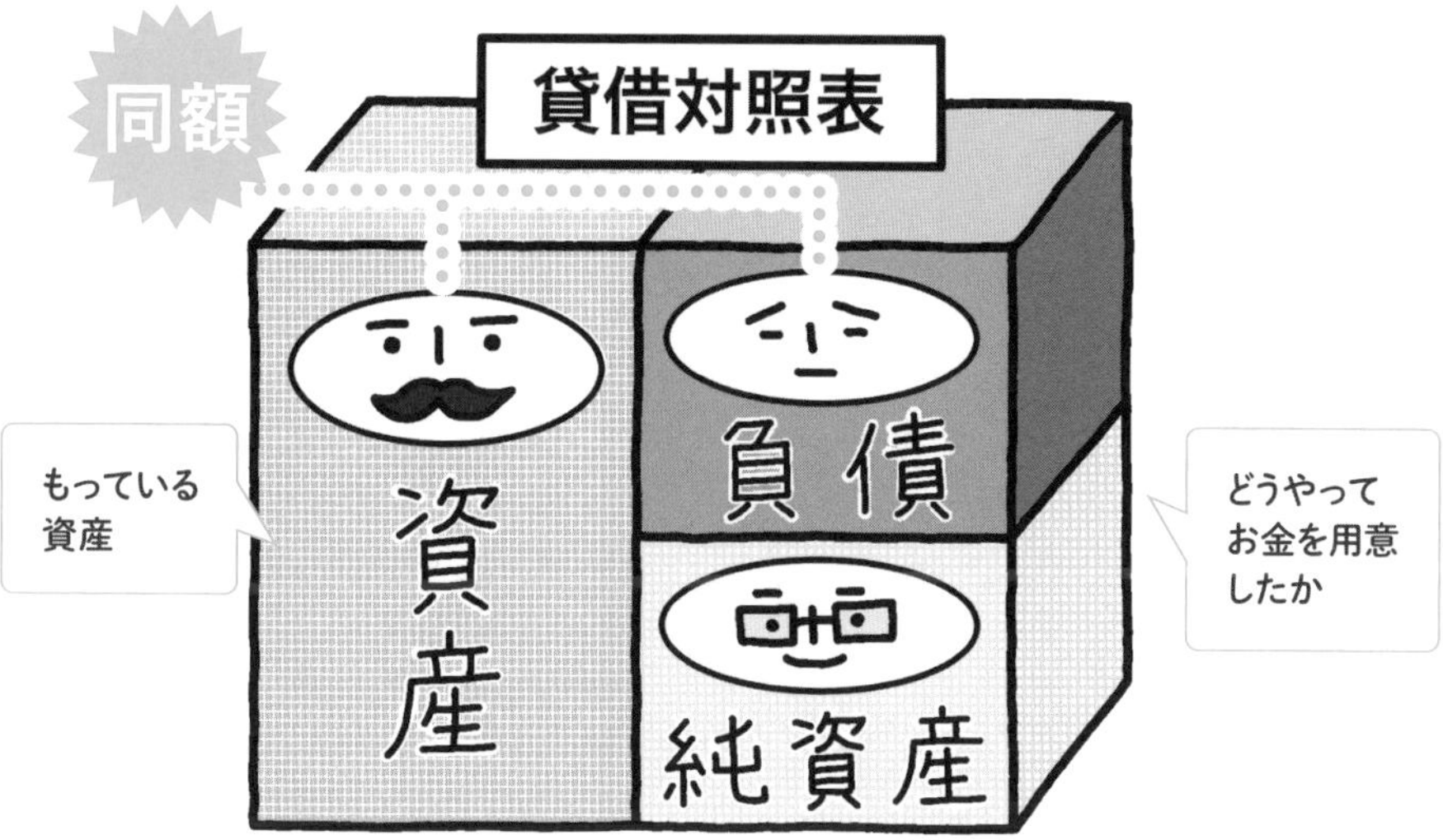

この2つのグループを分けるルールは簡単です。

「返さないといけないもの」か「返さなくていいもの」かで分かれています。

「返さないといけないもの」を「負債」、「返さなくていいもの」を「純資産」と呼んでいます。

第1章で見た斎藤さんの貸借対照表は次頁の図のようになります。

右側に注目していただくと、住宅ローンが「負債」の箱に入っています。住宅ローンは銀行に返済していかなければならないので、「返さないといけないもの」です。「純資産」の箱には、両親からの援助や働いて貯めたお金が入っています。どちらも「返さなくていいもの」です。

なお、第1章でも少し触れましたが、資産の持ち方というのはとても大事です。同じ資産を持っていても、「負債」が多いのか、「純資産」が多いのかで、会社の安全性（潰れないか）が変わってきます。個人でも同じですが、借金だらけの人のほうが危ないと感じるのが正常だと思います。

斎藤さんの3つの箱

「負債が多い」か「純資産が多い」かで、
経済状況と安全性がわかる。

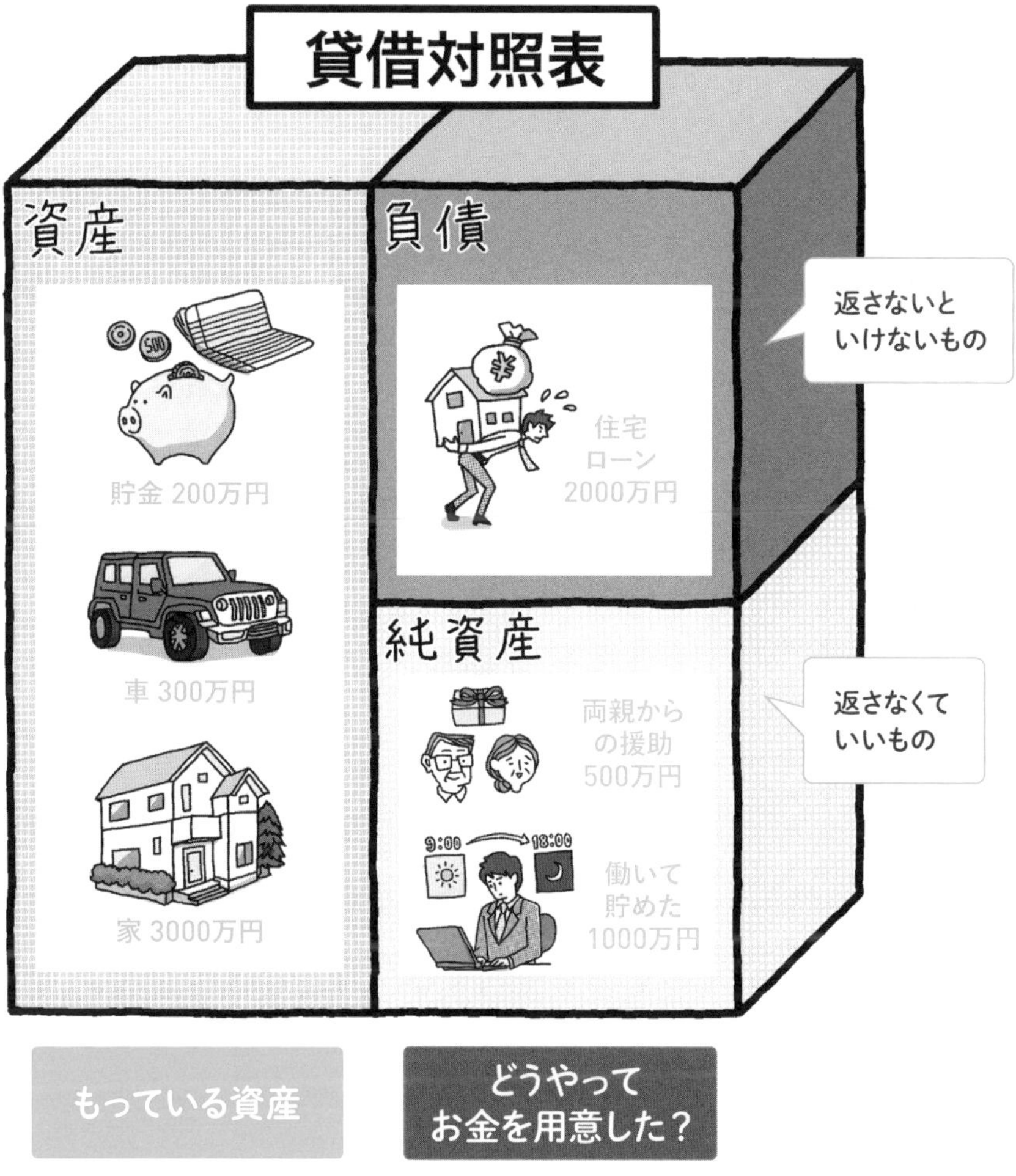

流動と固定という言葉

もう少し箱の中身を詳しく見ていきましょう。

資産と負債の箱の中に、それぞれ「流動資産」と「固定資産」、「流動負債」と「固定負債」というカテゴリが出てきました。

流動とか固定と名前がついているだけで、「資産」は「もっている資産」、「負債」は「返さないといけないもの」という本質は変わりません。

流動と固定の違いは何かというと、

「1年以内」か否かということです。「1年以内」なら「流動」、「1年を越える」なら「固定」にグルーピングされます。

厳密に言えば少し違うのですが、初心者はこれだけで特に支障はありません。

さて、流動と固定の違いが1年以内と分かったところで、1年以内に何が起こるかをお伝えします。

資産の場合は、「現金や預金になる予定があるか、効果が発生するか」

負債の場合は、「支払い期日がやってくるか」

流動と固定を箱で説明！

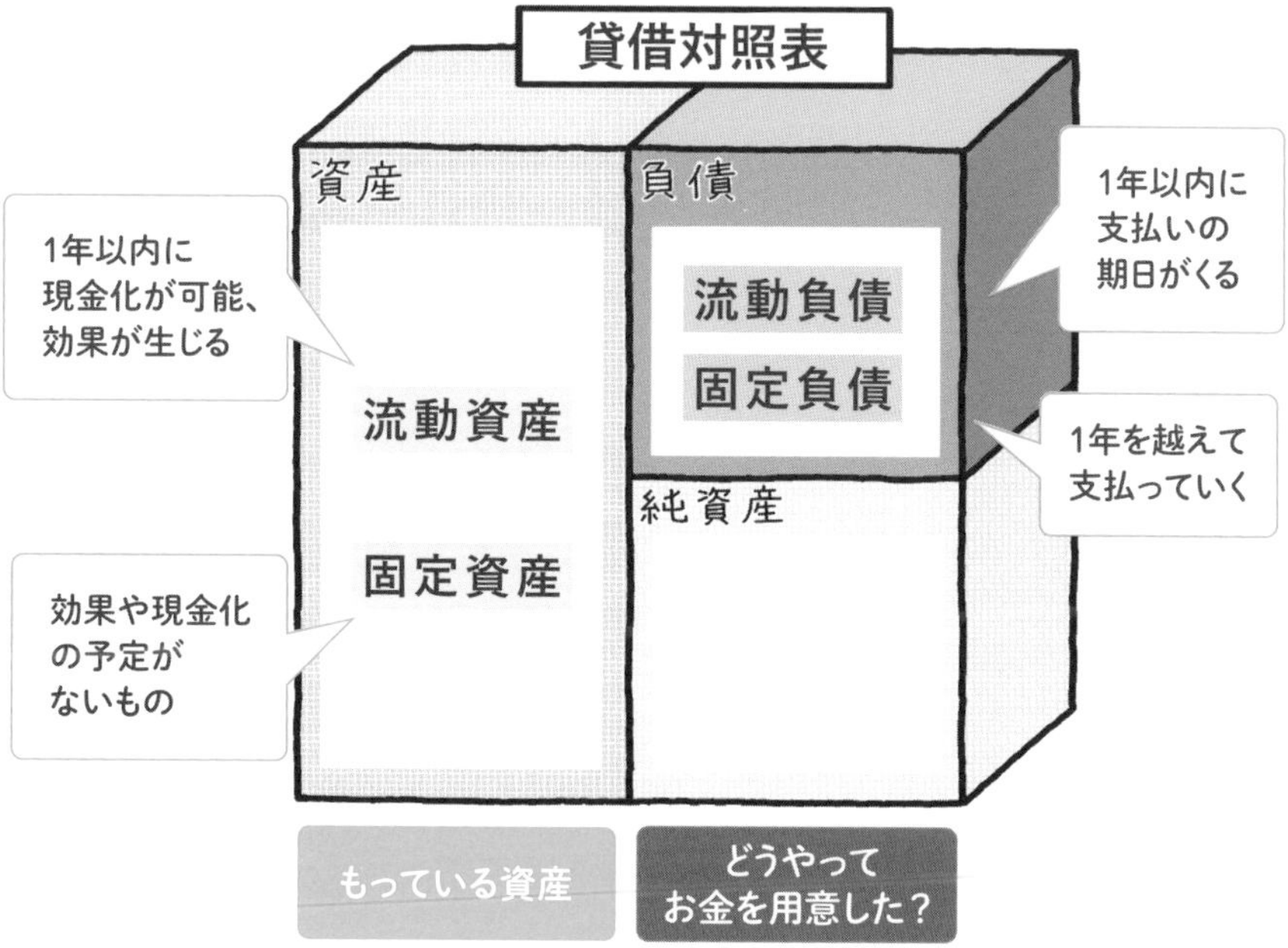

これが1年以内か否かという違いになります。

　1年以内に現金や預金になる、あるいは効果が生じる資産なら流動資産。予定がないものは固定資産。1年以内に支払いの期日がくる負債なら流動負債。1年を越えて払っていくのなら固定負債です。

読み飛ばしOK

流動と固定の箱

ここからはそれぞれの例を見ていきましょう。ここでは一般的な貸借対照表を掲載しますが、できればご自身の馴染みのある会社の貸借対照表を眺めながら読み進めていただければ幸いです。

③流動負債
▶P89〜

①流動資産
▶P86〜

④固定負債
▶P91〜

⑤純資産
▶P92〜

②固定資産
▶P88〜

これが貸借対照表だ！

貸 借 対 照 表

作成 令和　年　月　日

資産の部			負債の部		
	科目	金額		科目	金額
流動資産	現金預金		流動負債	買掛金	
	売掛金			支払手形	
	受取手形			未払金	
	棚卸資産			未払費用	
	前払金			短期借入金	
	未収入金				
	固定資産				
			固定負債	長期借入金	
				社債	
				役員借入金	
固定資産	（有形固定資産）			負債合計	
	建物		純資産の部		
	車両			資本金	
	その他			資本剰余金	
				利益余剰金	
	（無形固定資産）				
	ソフトウェア				
	その他				
	（投資等）				
	投資有価証券				
	保険積立金				
	出資金				
	その他				
				純資産合計	
	資産合計			負債・純資産合計	

流動資産

【現金預金】

文字通り現金や預金です。前に、「よ～く考えよ～、お金は大事だよ～」というCMが流れていましたが、この金額が少ないほど潰れそうな企業になります。

【売掛金】

未回収の売上金です。月末に請求書を送り、翌月に振り込まれる予定の売上金などがこれに当たります。昔、「家に帰るまでが遠足です」と言われましたが、商売も「回収するまで」気を抜いてはいけません。

【受取手形】

売上高の支払方法の1つとして、手形を受け取ることがあります。手形は期日になったら手形に書かれた金額を支払うと約束したものです。期日は1カ月から120日くらいが多いです。

手形は正直欲しくありません。すぐにはお金になりませんので100万円もらったと思っても使えません。それでもすぐ使いたいと思ったら銀行等にお金に変えてもらうことができます（手形を割引くと言います）。ただ、手数料が取られます。手数料は期日までの期間や、手形を出した会社の信用力によって決まります。

【棚卸資産】

いわゆる商品や製品在庫です。売れるまではお金になりませんが、1年を超えて保管しておこうというケースはほとんどありません。

と言いましたが、中小企業の場合1年を超えても売れずに保管されている在庫も少なくありません。中には10年20年と保管されている牢名主のような在庫もあります。

【前払金】

何らかの商品やサービスの提供を受ける場合、先払いすることがあります。個人でも、月謝やサービス料金等を先に支払い、あとで提供を受けるケースがあります。3カ月とか半年分を先に払うと割引があったりしますね。こうした、先に払ったお金を前払金と言います。

【未収入金】

性質は売掛金と同じですが、売掛金が本業で稼いだお金の未回収であることに対し、未収入金は本業以外で生じた未入金のお金です。例えば、不要な車を売却したが代金を後日受け取るケースが当たります。

固定資産

固定資産は大きく2つに分かれます。「有形固定資産」か「無形固定資産」です。違いは読んで字のごとく、形が有るかないかです。

【有形固定資産】

建物、車両、機械装置、土地など。

建物や車両等、時間とともに老朽化して価値が下がるものは損益計算書の項目でお伝えする、「減価償却」というシステムを使って評価額を減らしていきます。

土地についてはその時々の相場で価格が変わりますが、老朽化していくものではないので減価償却はしません。

【無形固定資産】

ソフトウェア、電話加入権、ゴルフ会員権、特許権など。

こちらも、時間とともに価値が下がるものは評価額を減らしていきます。

例としてソフトウェアは、10年くらい前の2012年に「WINDOWS 8」が出始めた時代でした。今も現役の会社もあるかもしれませんが、リリース当時と同じ価値を感じる方はいないと思います。

流動負債

【買掛金】

未払の仕入代金です。仕入業者から月末に請求書が送られてきて、翌月に支払うようなケースです。

【支払手形】

受取手形とは逆に、自分が振り出した手形です。

ちなみに2024年現在、手形は昔ながらの紙の手形ですが、ペーパーレスの流れを受けて2026年度に廃止が予定されています。

【未払金】

性質は買掛金と同じですが、仕入代金以外の未払い分がこちらになります。

【未払費用】

買掛金にも未払金にも該当しない未払です。買掛金や未払金は一過性（その都度発生する）のものですが、未払費用の場合は継続的に生じるものです。電気代などがこれに当たります。

【短期借入金】

いわゆる借金のうち、1年以内に返済を行うものです。

固定負債

【長期借入金】

いわゆる借金のうち、1年を越えて返済を行うものです。

【社債】

国債の会社版です。投資家に買ってもらい一定の利子を払います。満期になると額面の金額を支払う資金調達の方法です。

【役員借入金】

いわゆる借金ですが、社長や親族等から借りたお金を分けて管理する際に使用します。

純資産の箱

ここまで来たので、3つ目の箱である「純資産」についても例を見ておきたいと思います。

純資産

【資本金】

資本金いくらの会社という表現を耳にすることがありますが、その資本金がここに当たります。

【資本剰余金】

株主から集めたお金であることは資本金と同じですが、何らかの理由で資本金にしなかった金額です。理由の例としては、資本金の金額によって税率が高くなる等、不利益が生じることがあるためです。

【利益剰余金】

多くの会社では、これまでの儲け（利益）を積み上げたものです。スポーツチームなどで「チーム創立から通算で何試合勝ち越したか（負け越したか）」というデータがありますが、それの会社版と言ってもいいかもしれません。

毎年順調に利益を積み上げていればプラスですが、赤字続きだったり大きな赤字を出したりするとマイナスになってしまいます。

箱の中の並びのルール

ここまで、貸借対照表に記載されている様々な項目を見てきました。

ところで、いろいろな会社の貸借対照表を見ていただくと、大体同じような順番で並んでいると思います。

実は、項目は適当に並んでいるのではなく、ルールに基づいて並んでいます。そのルールとは「上に行くほど早く、下に行くほど遅い」です。

何の速度かは、左側と右側で異なります。

右側の「もっている資産」は、現金になるスピードが早い順です。左側の「どうやってお金を用意した？」は、支払いの早い順です。

第3章で、「お金の流れは大丈夫？」というお話をします。結論だけ言えば、会社は利益が出ていてもお金がなくなると潰れるというお話です。

そしてこの点からいえば、貸借対照表の左側は「上にある資産が多いほど安心」で、右側は「上にある負債が多いほど不安」と言えます。

実際、厳しい会社を見るときは左側にどのくらい現金や預金があるかを真っ先に確認し、次に右側の流動負債がどのくらいあるかを見て、危機の度合いを判断しています。

貸借対照表並びのルール

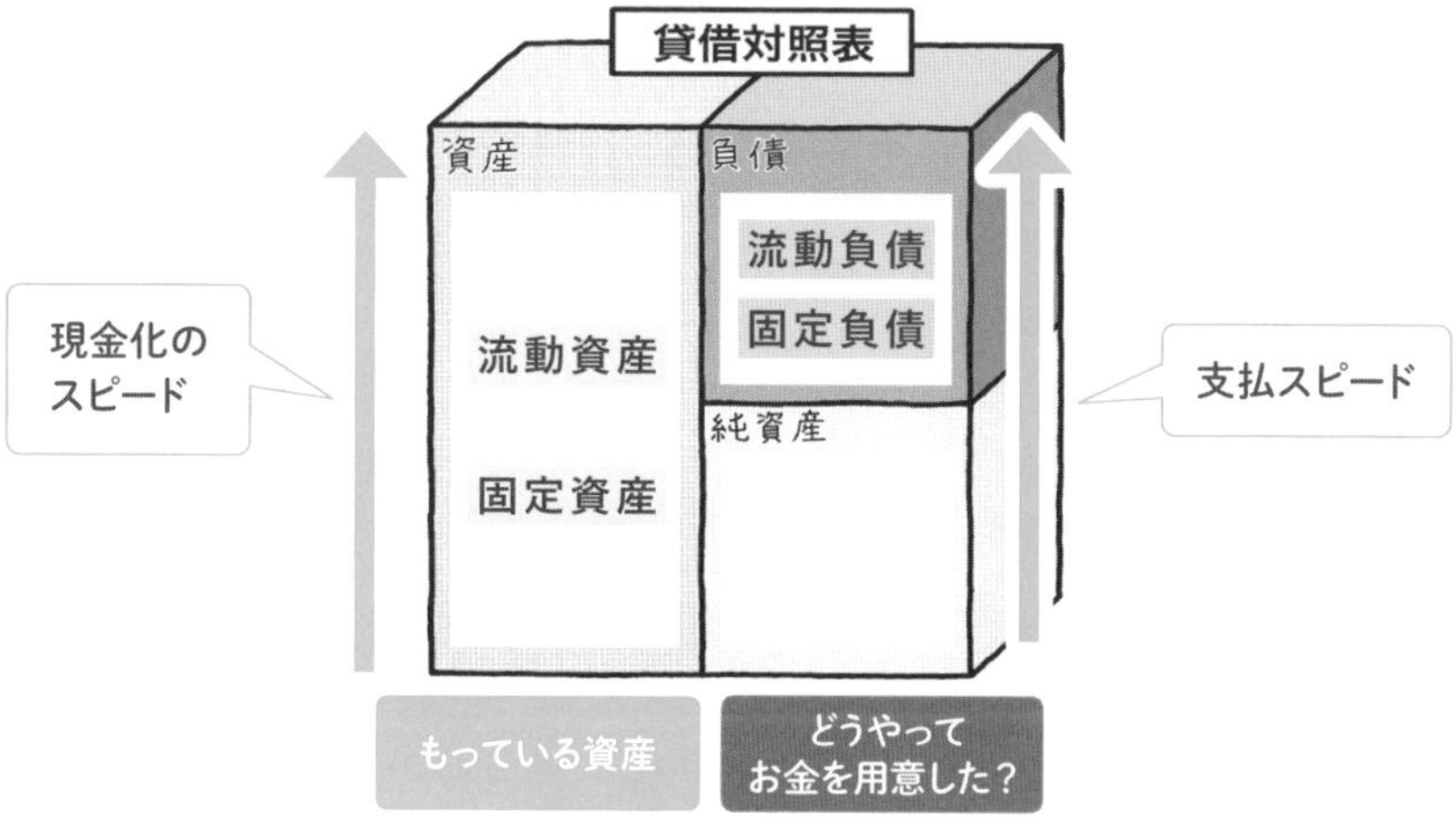

実際の表でみると……

貸　借　対　照　表

作成　令和　　年　　月　　日

資産の部			負債の部		
	科目	金額		科目	金額
流動資産	現金預金		流動負債	買掛金	
	売掛金			支払手形	
	受取手形			未払金	
	棚卸資産			未払費用	
	前払金			短期借入金	
	未収入金				
	固定資産				
			固定負債	長期借入金	
				社債	
				役員借入金	
固定資産	（有形固定資産）			負債合計	
	建物		純資産の部		
	車両			資本金	
	その他			資本剰余金	
				利益余剰金	
	（無形固定資産）				
	ソフトウェア				
	その他				
	（投資等）				
	投資有価証券				
	保険積立金				
	出資金				
	その他				
				純資産合計	
資産合計			負債・純資産合計		

上にある
資産が多い
ほど安心！

上にある
負債が多い
ほど不安……

●債務超過

貸借対照表の状態を表す言葉に、「債務超過」というものがあります。**負債の額が資産の額を上回っている状態で、「あの会社は債務超過」と悪い意味で使われる言葉**ですが、具体的にどのような状態を表しているのでしょうか。

これまで何度か出てきた斎藤さんの貸借対照表で債務超過の状態を表してみます。今まで見てきた斎藤さんの貸借対照表が次頁の①、債務超過の貸借対照表が②です。どちらも**「もっている資産」と「合計」は同じ金額**です。しかし、**右側の「どうやってお金を用意した？」の中身が異なっています。**まず「負債」の箱が大きくなっています。カードローンと住宅ローン合わせて4千万円を用意しています。

もう1つ、働いて貯めたお金がマイナスになっています。これが債務超過の特徴です。債務超過の貸借対照表の中身について、順を追って説明しましょう。

まず、「もっている資産」は合計で3500万円です。

この資産を得るため「どうやってお金を用意した？」ですが、負債（カードローンと住宅ローン）で4千万円を調達しています。

斎藤さんの貸借対照表

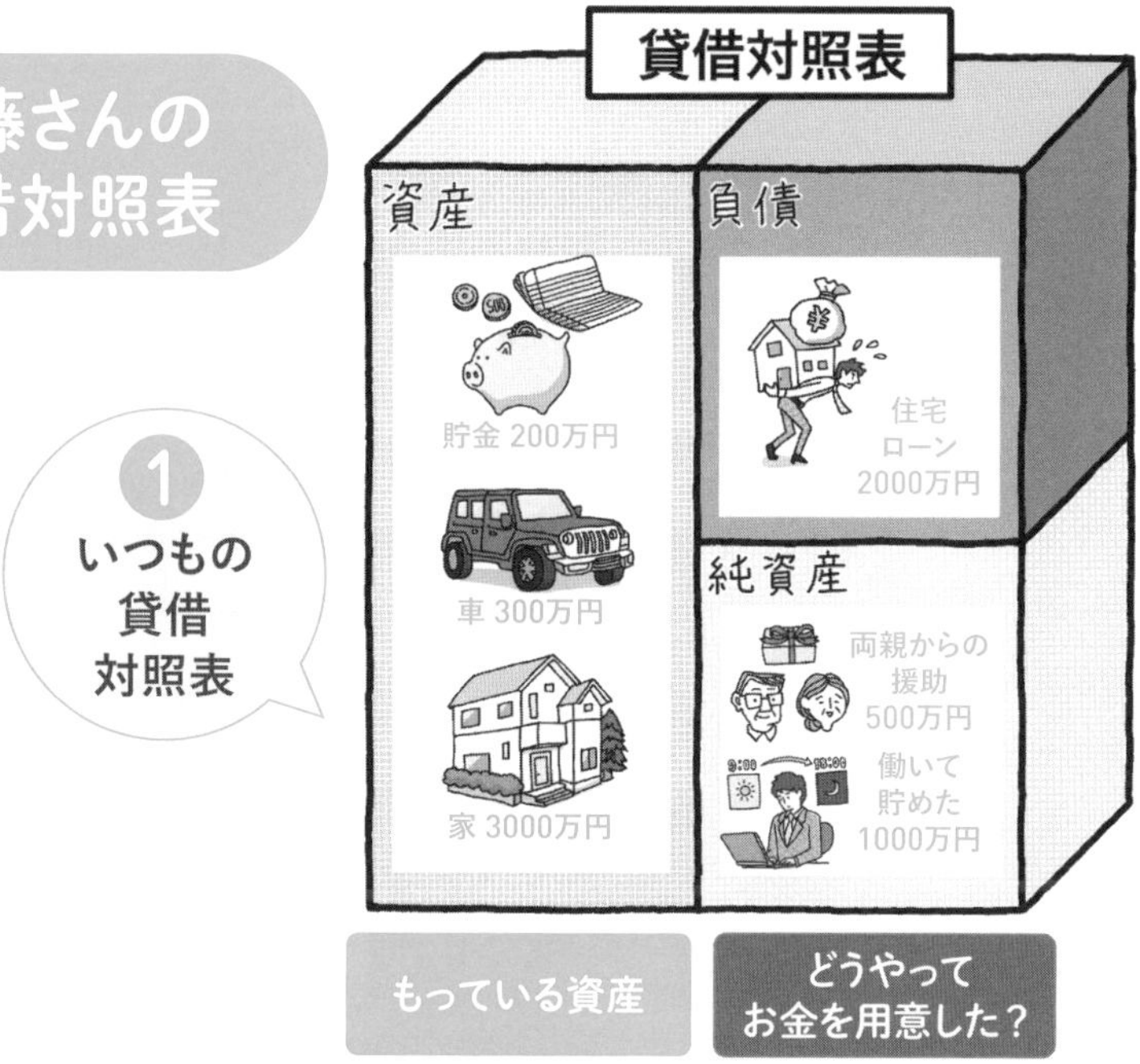

1
いつもの貸借対照表
貸借対照表
資産
貯金 200万円
車 300万円
家 3000万円
負債
住宅ローン 2000万円
純資産
両親からの援助 500万円
9:00
18:00
働いて貯めた 1000万円
もっている資産
どうやってお金を用意した？

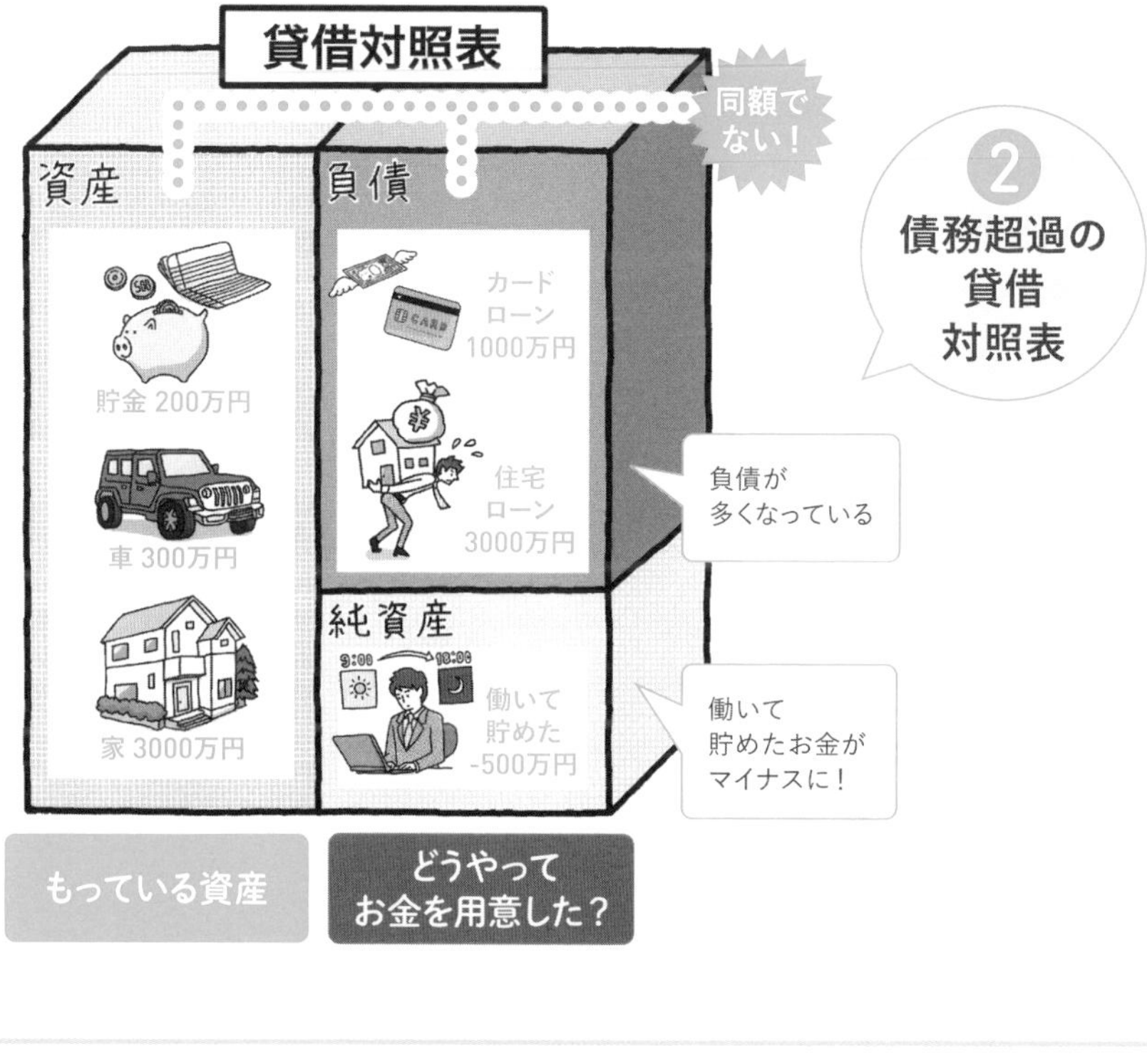

貸借対照表
同額でない！
資産
貯金 200万円
車 300万円
家 3000万円
負債
CARD
カードローン 1000万円
住宅ローン 3000万円
純資産
9:00
18:00
働いて貯めた -500万円
2
債務超過の貸借対照表
負債が多くなっている
働いて貯めたお金がマイナスに！
もっている資産
どうやってお金を用意した？

ここでおかしな状態に気がつきます。

４千万円お金を用意したのに、もっている資産は３５００万円です。５００万円はどこに行ってしまったのでしょうか。

ここで右側下の箱を見てください。働いて貯めたとして－《マイナス》１５００万円と書かれています。

マイナスの貯金とは何かですが、これまでの生活で貯金するどころかマイナスが生じていたということです。

貸借対照表から推測するしかありませんが、生活の中でお金が足らずカードローンで補ってきたのではないかと考えることができます。

会社の債務超過もこれと同じことです。

商売が儲からず赤字続きで、足りないお金を工面するため負債を増やして対応する。そうこうしているうちに、持っている資産の金額以上の負債になってしまいました。会社の資産を全部売り払っても返しきれない借金を背負った状態です。

●貸借対照表は会社の状態と性格を表す

これまで見てきたように貸借対照表は会社の財政状態を表します。

これに加えて、どのような資産の持ち方をしているのか、どのような調達方法を好んでいるのかといった性格も表します。

現金をたくさん持っていないと不安なタイプ、余ったお金はどんどん投資して未来の収益を増やそうと考えるタイプ。

借金を恐れないタイプ、とにかく借金が嫌いなタイプ、資本や社債を使って多くの人からお金を集めるタイプ、余計な口出しをされたくないと自力で用意するタイプ。

貸借対照表を眺めながら想像するのもよいと思います。

賃借対照表のまとめ

貸借対照表の基本 ▶P78〜

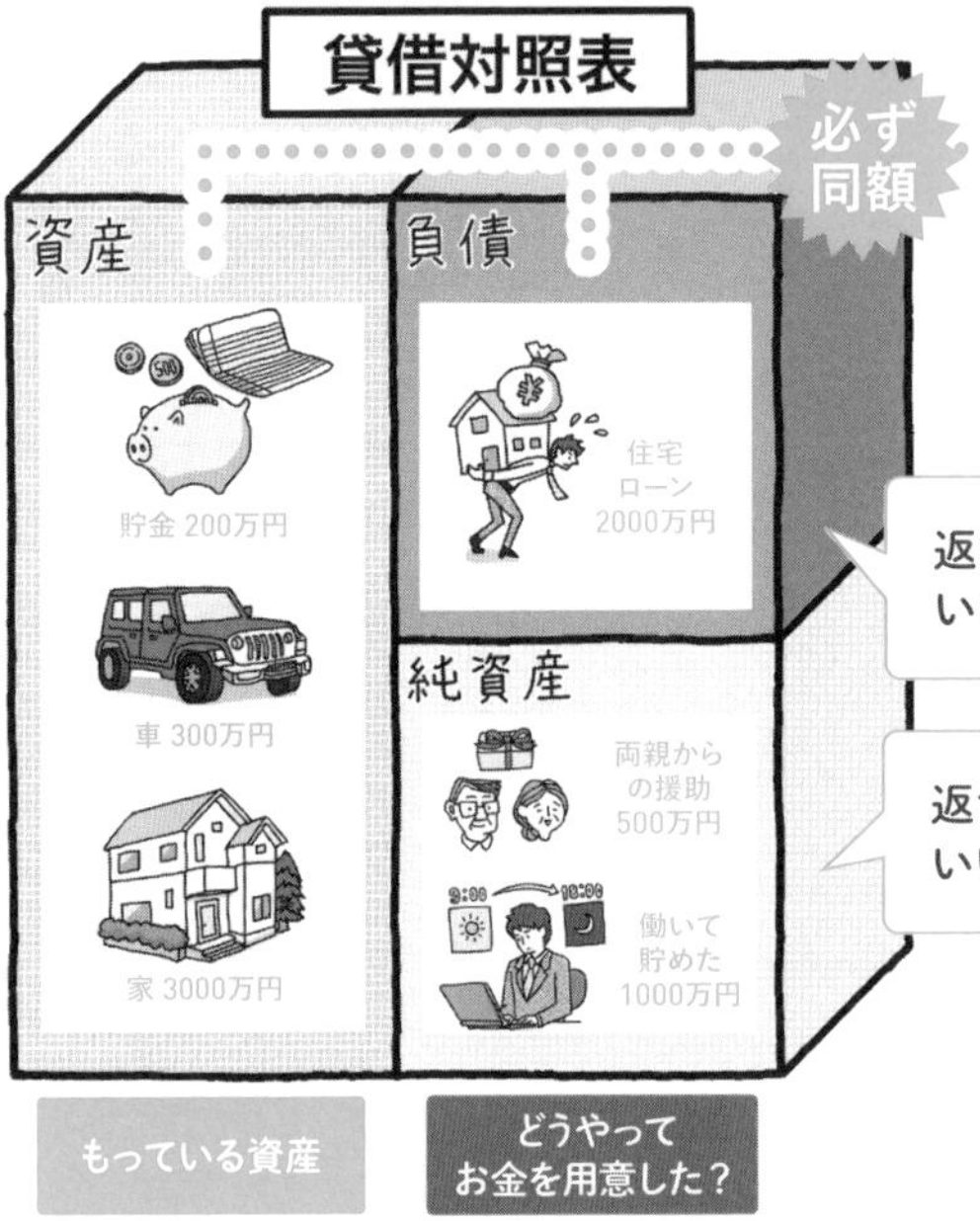

調達した資金とその使い道を表す資料

＼グループ分けのルール／

返さないといけないもの ▶▶ 負債

返さなくていいもの ▶▶ 純資産

流動と固定 ▶P82〜

流動 1年以内	流動資産	**1年以内**に現金になる、効果が出る
	流動負債	**1年以内**に支払いがある
固定 1年を超える	固定資産	**1年を超えて**現金になる、効果が出る
	固定負債	**1年を超えて**支払いがある

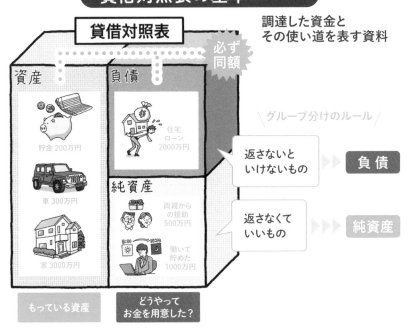

会社の調達した資金とその使い道を表す資料です。
左にもっている資産、右にどうやってお金を用意した、
を記入します。

並びのルール ▶P94〜

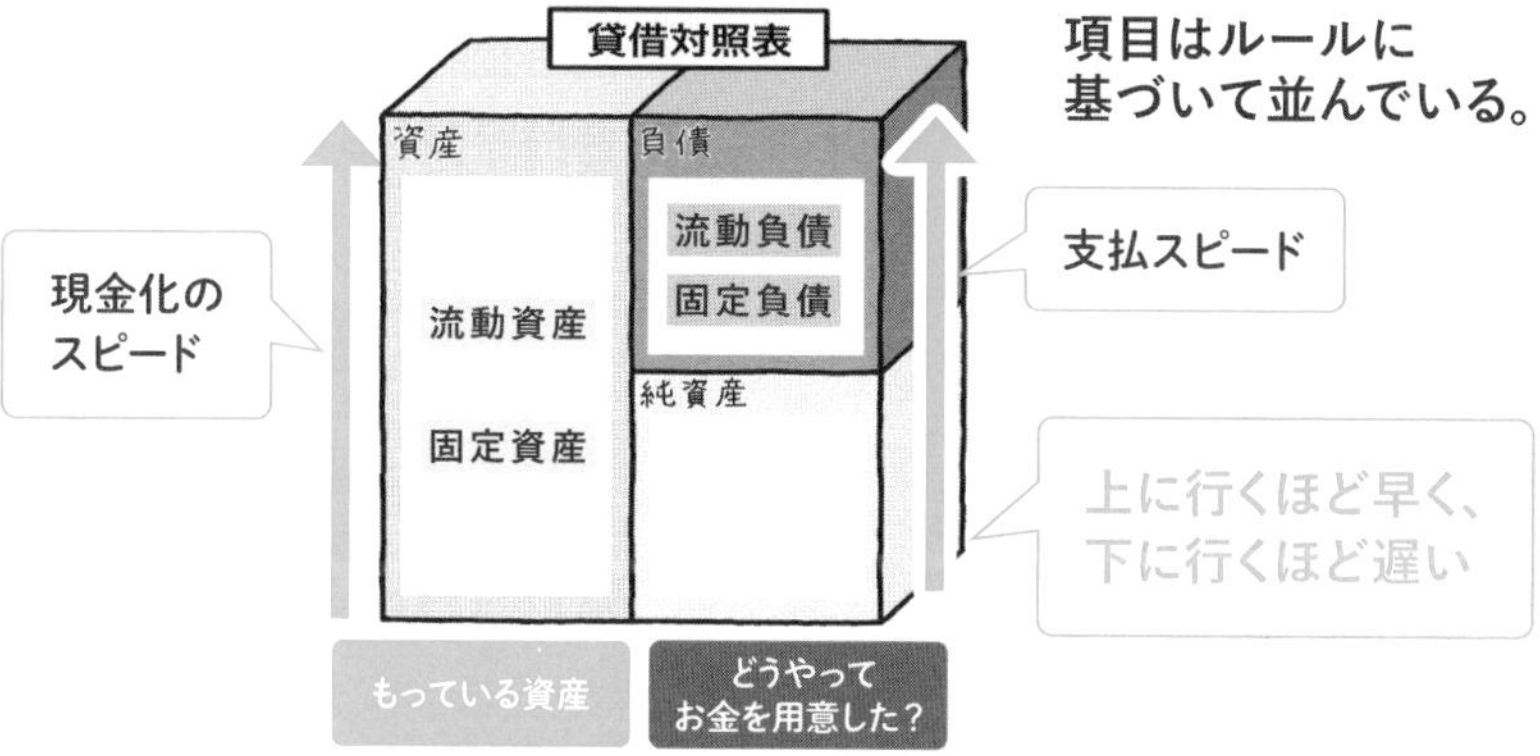

債務超過 ▶P96〜

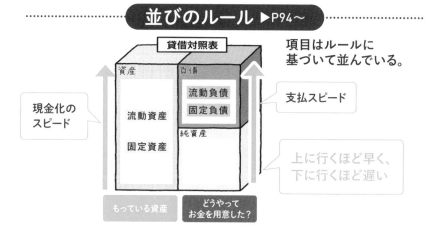

2章-2

1 会計資料の深掘り　損益計算書

続いて「儲かっているのかどうか」を表す損益計算書について、深掘りしていきます。

一番上に売上高があって、いろいろな費用を引いたり、売上以外の収入を足したりしていき、最終的な利益を見ていく表です。

● 損益計算書の4つの段階

第1章で損益計算書は、4段階の収支状況を把握する表であるとお伝えしました。

❶ 物やサービス自体の収支
❷ 本業での収支
❸ 会社全体の通常収支

です。

④ イレギュラーな収支

それぞれの中身について見ていく前に、なぜ4段階に分けて管理しているのかを考えていきます。

分ける理由は、どこが儲かって、どこで足を引っ張っているのかを把握するためです。全く分けられていない最終的な利益だけを見ると、儲かっているか儲かっていないかはわかります。しかし、原因は把握できません。

先ほどの4段階で分けていれば、どこは良くてどこは悪いと判断ができ、改善のヒントにすることができます。

例えば、同じ最終利益だとしても、P105の図の2社では内容が大きく変わります。

㈱XXX社は①物やサービス自体の収支は大きいですが、②本業での収支を見ると㈱A商店よりも利益が少なくなってしまいます。③会社全体の通常収支ではマイナスになってしまいますが、④イレギュラーな収支でプラスに転じています。

一方、㈱A商店はどの段階でもプラスを維持しています。

最終的な利益は同じでも、㈱XXX社と㈱A商店の中身に差があることが分かります。

ここからは、4段階の内容について解説いたします。

損益計算書が4段階に分かれる理由

段階が分かれていない場合

利益は400万円

(株)×××

利益は400万円

(株)A商店

儲かっていることがわかるのみ。
「原因」がわからない。

段階が分かれていると……

利益は400万円

利益は400万円

中身がわかり、対策ができる。

❶物やサービスの収支

(株)×××　2,000万円　(株)A商店　800万円　1,200万円もの差が！

❷本業での収支

(株)×××　100万円　(株)A商店　300万円　200万円多い

❸会社全体の通常収支

(株)×××　-100万円　(株)A商店　400万円

❹イレギュラーな収支

(株)×××　400万円　(株)A商店　400万円　結果、同じ利益額

❶ 物やサービス自体の収支

売上高から売上原価を差し引く段階で、この段階の利益を売上高総利益と言います。別名、粗利《あらり》とも呼ばれており、耳にされたことがあるのではないでしょうか。

個人の家庭で例えるなら、手取りのお給料というイメージです。

お給料という場合、額面の給料と、税金や社会保険料が引かれた手取りの収入をイメージされると思います。

会社を個人で例えるなら、

売上高＝額面の給料
売上原価＝税金や社会保険料等、天引きされるもの
売上高総利益＝手取りの収入

という感じです。

次に、会社の手取り収入がどんなものかを見ていきます。

売上原価は、販売する商品やサービス自体に関わるお金です。商品やサービスを提供するためにかかった費用と言えます。

例えば、商品を買ってきてそのまま販売するのであれば、買ってきた商品の代金が売上原価となります。

材料を買ってきて職人さんに組み立ててもらい、組み立てた商品を販売するのであれば、材料と職人さんの人件費、工場の光熱費が原価となります。

お店でマッサージを提供している場合は、マッサージにつかう消耗品やマッサージ師の人件費が原価となります。

通常の会社であれば、この段階でマイナスになることはありません。

マイナスになる場合は、500円で仕入れてきた物を400円で売ったり、千円で作ったものを800円で売ったりと、明らかにおかしなことをしている状態です。

私が過去に見たケースでは、売上原価を考えずに昔からの価格でずっと販売していて、材料費や人件費の値上がりでマイナスになったケースがありましたが、本当にレアなケースだと思います。

❶第1段階　物やサービス自体の収支

会社

売上高 － 売上原価 ＝ 売上高総利益

売上原価って？	商品やサービスを提供するために必要とした経費の総称。

売上原価の例

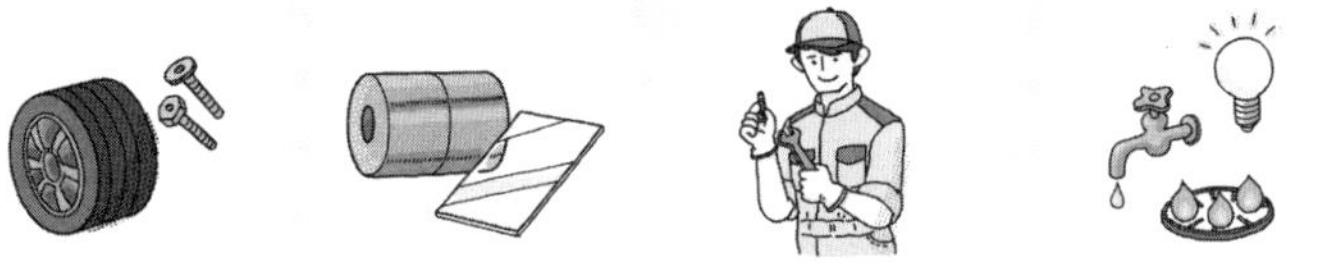

仕入れてきた商品

仕入れてきた材料

製造する人の人件費

製造工場の光熱費

家庭の場合

給与 － 税金 ＝ 手取り収入

❷ 本業での収支

売上高総利益から、販売費及び一般管理費を引いた段階での利益を営業利益と言います。

個人の家庭で例えるなら、手取りの収入から生活費を引いた家計の収支が営業利益というイメージです。

例えるなら、

売上高総利益＝手取りの収入
販売費及び一般管理費＝家庭の日常的な生活費
営業利益＝家計の収支

という感じです。

販売費及び一般管理費は名前が長いので、略して販管費《はんかんひ》と呼ぶことが多いです。

販売費というのは、文字通り販売をするための費用です。商品やサービスを売るためには様々な費用がかかります。例えば、商品やサービス、お店を宣伝するための広告費がイメージしやすいと思います。

販売するための営業マンや店舗の販売スタッフの人件費も、販売のための費用です。最近はＥＣ販売が盛んになっていますが、お客様に商品を送る際の運賃も販売に関わる費用です。

一般管理費とは、会社全体を運営するために必要な費用です。販売に直接関わらない人（役員や事務員さん等）の人件費や従業員のための福利厚生に使ったお金。通勤や出張に使った交通費、オフィスの家賃や光熱費、オフィスの消耗品と、様々なものがあります。

販売費及び一般管理費は、販売関係の費用と、販売以外にお店や会社を運営するために日常的に必要な経費を含めたものになります。

ここで、いくつかの費用は製造原価でも出てきたものがあります。人件費や光熱費、消耗品です。これらは、同じ費用でも商品やサービスに直接関係あるかないかによって、売上原価か販売費及び一般管理費かに分かれます。

売上高総利益の時点で商品やサービス自体の儲けが分かりました。

ここから商品サービスを売るために直接かかった販管費と、間接的にかかった一般管理費を引くことで、本業でどのくらい儲けが出たのかが把握できます。

家庭で例えるなら、

❷第2段階：家計の収支

家庭の場合

手取り収入 －

生活費 ＝

家計の収入

会社の場合

売上高総利益 － 販売費及び一般管理費 ＝ 本業の収支

販売費及び一般管理費とは？	略して販管費、販売するための費用のこと

販売スタッフや事務員の人件費

広告費

交通費

家賃

店舗やオフィスの光熱費

売上高総利益＝手取りの収入

営業利益＝家計の収支

です。

❸会社全体の通常収支

営業利益から、営業外収益と営業外費用を足し引きする段階での利益を経常利益と言います。

経常利益は、経常《けいつね》と呼ばれることもあります。

ここまでは商品・サービスに直接もしくは間接的に関わる費用を引き算してきました。

ここからは、商品・サービスに全く関係がない収入や費用を考慮していきます。

ここでは経常利益に、営業外収益と営業外費用を足し引きします。

個人の家庭で例えるなら、家計の収支に給料以外の副収入や生活費以外の支出を足し引いた、全体の収支が経常利益というイメージです。

全体の収支と曖昧な言い方をしたのは、この後イレギュラーな収入や支出を足し引きするので、通常の家庭全体の収支とお考えください。

例えるなら、

営業利益＝家計の収支

営業外収益＝副収入
営業外費用＝生活費以外の支出
経常利益＝全体の収支

という感じです。

営業外収益とは、営業の外の収益です。ラーメン屋ならラーメン屋以外の理由で生じた収入、金属加工業なら金属加工業以外の理由で生じた収入です。

ほぼすべての法人には「受取利息」があります。

銀行にお金を預けておくと、僅かばかりですが利息がつきます。

これを「受取利息」と呼んでいますが、なぜこれが営業外収益なのでしょうか。

営業外とは、商品・サービスに全く関係がない収入や費用のことです。

銀行にお金を預けるという行為は、本業のビジネスに関係はありません。本業の商品やサービスを提供して得たお金ではなく、ただ銀行に預けていただけです。

同じように受け取ったお金でも、本業のビジネスに関係があるかないかで、売上高なのか営業外収益なのか変わってきます。

ある会社が駐車場を貸して料金をもらったとします。

この会社が駐車場経営を行っている会社であれば、この料金は正に本業で得た収入です。この場合は売上高になります。

一方、スーパーを本業にしている会社があったとします。

あるイベント会社から、駐車場の一画を借りてイベントを行うので1日1万円で貸してくださいと打診がありました。このスーパーが駐車場の土地を貸して料金を受け取ったら、これは売上高でしょうか。

ポイントは本業か否かです。

この会社はスーパーを本業としており、本業とは関係なく駐車場を貸して料金を受け取っているため、営業外収益になります。

営業外費用も、営業の外の費用です。

こちらも多いのが、金融機関への「支払利息」です。

銀行からお金を借りた場合、利息が生じますがこれが営業外費用になります。

経常利益は会社全体の収支です。

第3段階：一家全体の通常収支

売上高総利益の時点で商品やサービス自体の儲け、営業利益は本業の儲けを表します。**本業の儲けから営業外の収益と費用を足し引きしたものが、経常利益です。**

経常利益は通常の経営活動の中で得られた利益で、会社を1年間運営した結果の儲けと言えます。

家庭で例えるなら、

売上高総利益＝手取りの収入
営業利益＝家計の収支
経常利益＝全体の収支

です。

④ イレギュラーな収支

経常利益から、特別利益と特別損失を足し引きする段階での利益を税引前当期純利益と言います。

ここまでは会社の通常の営業活動の中で発生した収入と費用の話をしてきましたが、ここからは特別な話になります。

特別利益、特別損失にある「特別」とは「イレギュラーな」と読み替えていただければ分かりやすいです。

イレギュラーな利益とイレギュラーな損失。

通常では発生しない特殊な事情を、この段階で考慮します。

例えば、

帳簿価格50万円の営業車を乗り換えのために売却したら、60万円になった。

この場合、60万円−50万円＝10万円の利益が出ています。

営業車を売却することは、通常の営業活動の中では生じないので、この利益はイレギュラーな利益、特別利益として計上します。

第4段階：イレギュラーな収支

こうしたイレギュラーな利益と損失を足し引きすると、税引前当期純利益が出てきます。

税引前当期純利益とは読んで字のごとく、税金を引く前の当期の純粋な利益です。

この後、法人税等を差し引くことで、税引後当期純利益、つまり税金を引いた後の当期の純粋な利益が出てきます。

家庭で例えるなら、

経常利益＝全体の収支
特別利益＝イレギュラーな収入
特別損失＝イレギュラーな支出
税引前当期純利益＝今月の収支

という感じです。

損益計算書で知っていてほしい個別テーマ

基本的には上から引き算足し算をしていけばよい損益計算書ですが、一部知っておいたほうがいい個別テーマがあります。

売上原価における棚卸資産
減価償却費

の2つです。

売上原価における棚卸資産

売上原価を計算する上でよく出てくるのが棚卸資産です。棚卸資産は貸借対照表の流動資産の項目でも説明しましたが、商品や製品の在庫です。

損益計算書を見ると、売上原価の項目で次のような式が出てくることがあります。

売上原価＝期首商品棚卸高＋当期仕入高－期末商品棚卸高

期首というのはある期間の最初の日の始まり時点で、期末はある期間の最後の日の終わりの時点です。

この式は、

売上原価＝最初にあった商品在庫＋仕入れた在庫－最後にあった商品在庫

と読み替えることができます。

初心者の方は、このプラスとマイナスがどっちだったかと迷って、誤った計算をしてしまうことがあります。

しかし、その意味とこの計算をする理由が分かれば、なぜこんな計算をするのかが分かり、プラスとマイナスを間違うこともなくなります。

まずこの計算を行う意味ですが、ひと言で言えば「業務を簡略化するため」です。本来、きちんと管理していれば売上原価はすぐに把握できるはずです。

しかし日々忙しいため、毎日何をいくつ使っていくらかかったのかを正確に把握することが困難だという会社がほとんどです。

今はITツールの進歩で、材料などの入出庫の管理が随分しやすくなりましたが、それでも正確に把握できている会社はまだまだ少数です。

ならば逆算で使った金額を把握しようというのが、先ほどの計算式です。

毎日記録をつけなくても、次のことはさほど労力をかけずに分かります。

最初にあった商品在庫の金額
当期に仕入れた商品の金額
最後にあった商品在庫の金額

毎年1回、最後にあった商品在庫の金額を調べます。

これは翌期の最初にあった商品在庫とイコールになるので、1回調べるだけで2つのことが分かるようになります。

また、当期に仕入れた商品の金額は請求書等から把握できます。

この3点から当期に使った売上原価を推測することができます。


まず、最初にあった商品在庫の金額が1万円だったとします。

そこに当期は10万円分仕入をしました。

もしひとつも商品が売れていなかったら、最初の1万円と仕入れた10万円を合わせて11万円分の在庫が最後にあるはずです。

しかし、実際に最後にあった商品在庫の金額を調べてみると2万円でした。

さて、当期にいくらの商品を使ったでしょうか。

ひとつも売れなかった場合11万円のはずが、2万円しか残っていなかった。すなわち、11万円－2万円＝9万円分使用したと推定されます。

これを式にまとめると、先ほどから出てきた、
売上原価＝期首商品棚卸高＋当期仕入高－期末商品棚卸高
となるわけです。

読み飛ばしOK

減価償却費

減価償却費というのは、数年にわたって使う資産を買った場合、その年数に応じて費用を計上していくやり方です。

日常生活でこんな会話を耳にしたことがないでしょうか。

「こんな高いものを買って！」
「いやいや待って。
確かに60万円したけれど、これは10年使える物なんだ。
60万円を10年で割ったら6万円。
ひと月で考えたら5千円くらいの出費だよ」

この「買った価格は60万円だけど、使える期間で考えればひと月5千円の費用」という考え方は減価償却と近いものがあります。

貸借対照表の左側には、もっている資産が一覧になっています。

その中で、例えば車ですが、年数に応じて価値が下がってくるのは直感的に理解できると思います。購入したての新車と、3年も乗った車では価値が違います。

そこで、減価償却費という費用を計上し、車の価値を減らしていく手続きを行います。

減価償却には「耐用年数」という考えがあります。耐用年数とは、何年でこの資産の価値がなくなるかを示す期間です。

例えば皆さんにとって身近な車やソフトウェアを見てみますと、

車両（普通自動車）：6年
車両（軽自動車）：4年
ソフトウェア：5年

と大体のイメージに合っているのではないでしょうか。個人的にはソフトウェアは5年も持たない気がしますが。

「減価償却資産の耐用年数」と検索すると、事細かに資産の種類と耐用年数を調べることができます。

ちなみに、最長のものは水道用ダムで80年です。

皆さんがなじみのないものとして「生物」というカテゴリもあります。牛や馬、豚といった家畜や、みかんやりんごといった樹木にまでそれぞれ耐用年数が設定されています。

減価償却費

物の価値はだんだん低下する

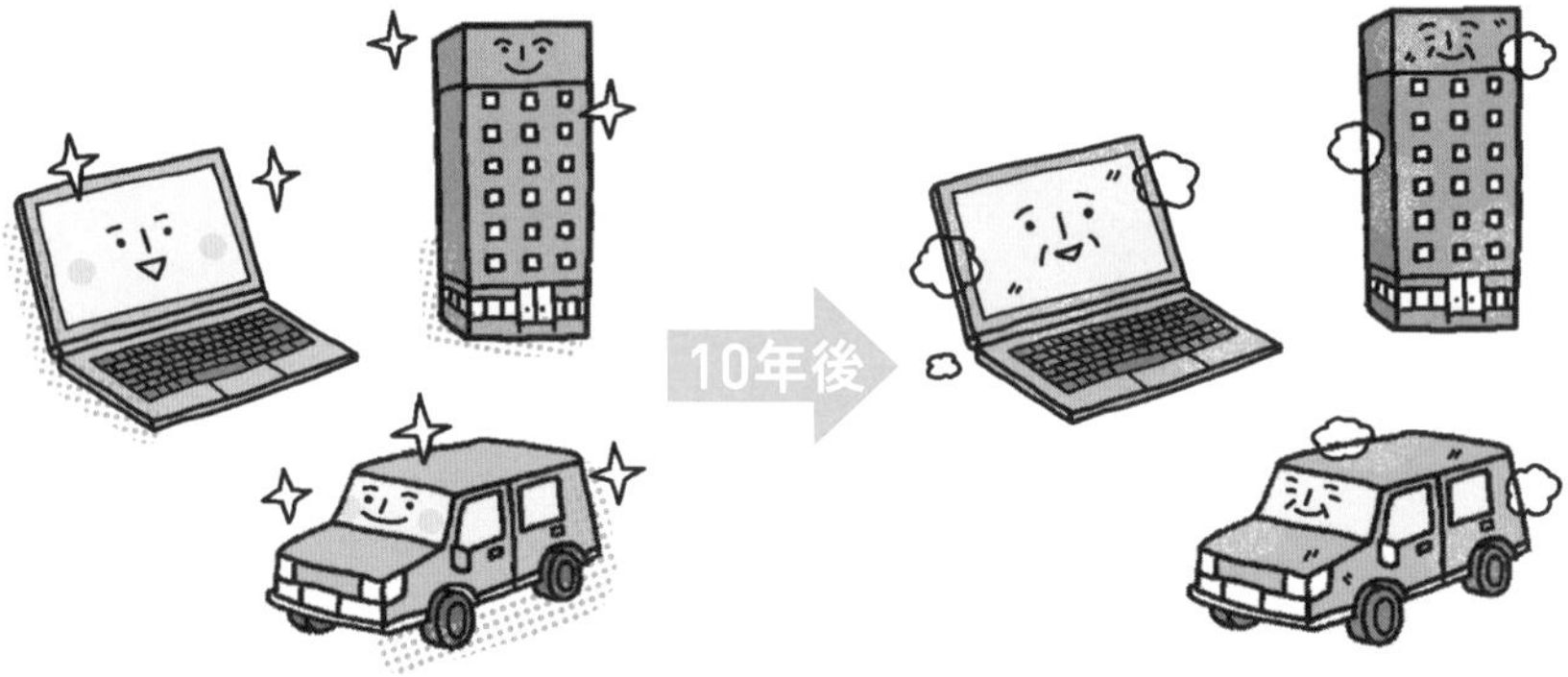

減価償却費　減価償却費として計上することで、帳簿上の価値をだんだん低下させる

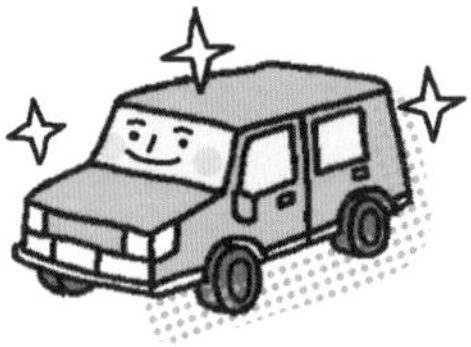

新車を購入　360万円
車の価値は360万円

1年経過　減価償却費60万円を計上
車の価値は300万円

2年経過　減価償却費60万円を計上
車の価値は240万円

3年経過　減価償却費60万円を計上
車の価値は180万円

現在の価値　180万円

COLUMN

具体的な成功例・破産例

ちょうど同じ時期に支援を行ったA社とX社という会社がありました。どちらも年々売上高が低下し衰退傾向にあり、このままでは数年でつぶれるかもという状態。

A社はデータが揃っており売上高の状況や顧客の状況が把握できるため、データを見ながら対策を講じていく形でスタートしました。一方、X社は毎月の売上状況すら怪しい状態で、まずは毎月の売上、利益が分かる状態にしようというところからの開始でした。

半年ほど経過した頃、A社はやや業績が改善し「データの使い方が分かったのであとは自分たちでやります」と卒業。X社はようやく先月の数値が確認できるようになったところで、引き続き支援を行いました。

それから2年、X社は無事黒字化を果たしました。数字を見ながら営業、人材育成にも取り組み、その後も安定して利益を計上しています。一方A社は倒産していました。元従業員から聞く限りですが、繁忙期に入って忙しくなり社内は元通りになってしまったそうです。

データが使われることはなく、社長をはじめ目の前の仕事しかしなかったために再び業績は悪化し、そのままつぶれてしまいました。

損益計算書のまとめ

損益計算書のキホン ▶P102～

「儲かっているかどうか」を見る書類。
大きく4段階に分けて構成されている。

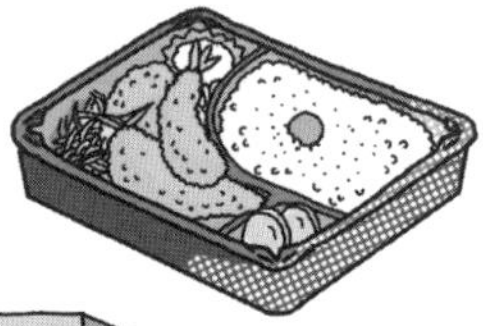

1 売上総利益

物やサービス自体の収支

2 営業利益

本業での収支

3 経常利益

会社全体の通常収支

4 税引前当期純利益

イレギュラーな収入と
イレギュラーな支出を加味した
税金を引く前の利益

税引後当期純利益

法人税を差し引いた当期の純粋な利益

一番上に売上高を記入、
費用や売上以外の収入を足し引きし利益を見る書類。
4段階に分け、儲けの内容がわかるようにしています。

棚卸資産 ▶P118〜

売上原価を計算する方法

売上原価
最初にあった在庫1万円
+
当期に仕入れた分10万円
−
使った分?円
=
最後にあった在庫2万円
9万円使ったということ

減価償却費 ▶P122〜

物の価値はだんだんと低下する

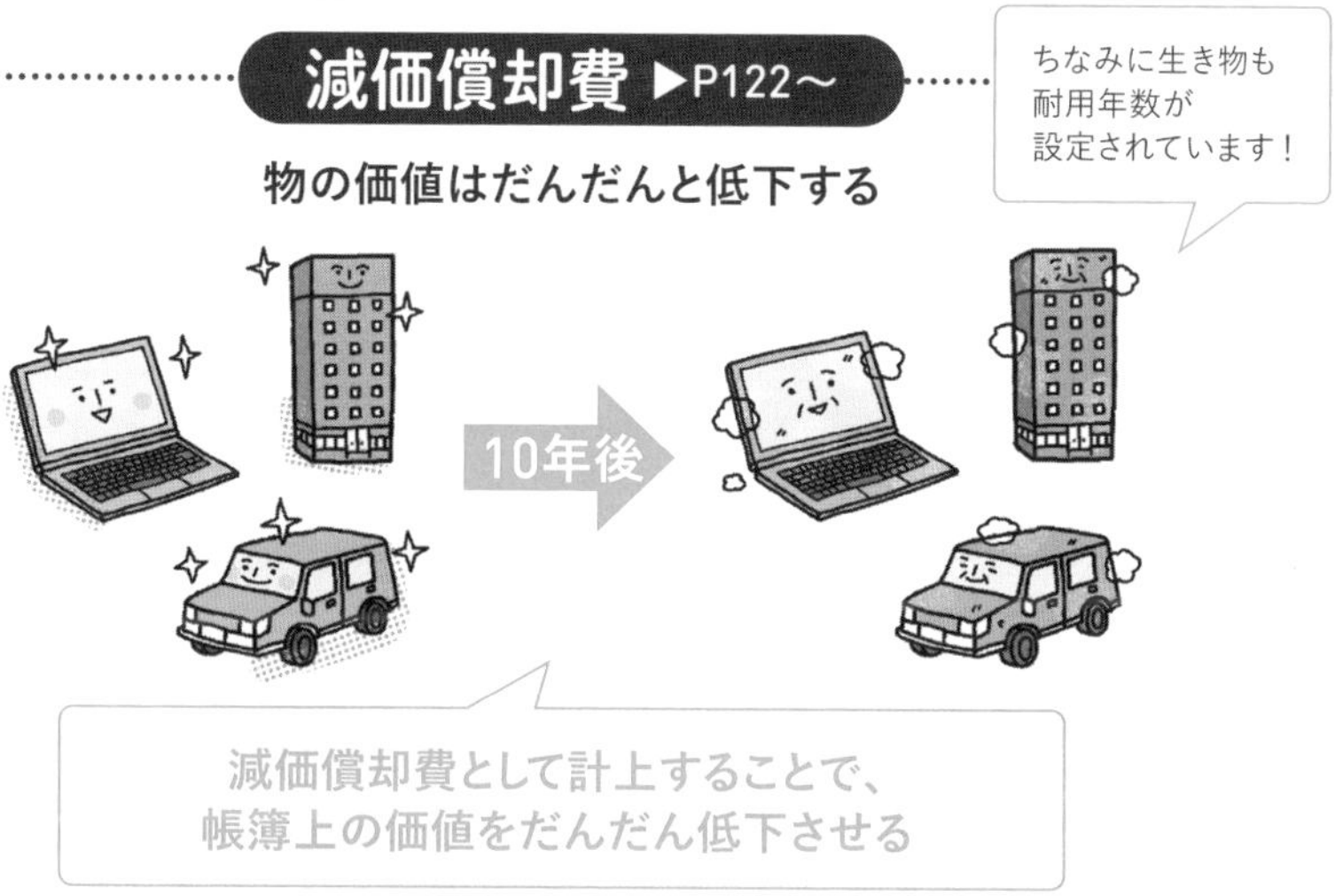
ちなみに生き物も耐用年数が設定されています！
10年後
減価償却費として計上することで、帳簿上の価値をだんだん低下させる

2 会計資料の深掘り キャッシュ・フロー計算書

最後に、「お金の流れ」を表すキャッシュ・フロー計算書について深掘りしていきます。ここではキャッシュ・フロー計算書の内容とその重要さをお伝えします。

●キャッシュ・フロー計算書の内容

キャッシュ・フロー計算書は、入金と出金の結果お金がどのくらい増えたか（減ったか）を表しますが、目的に応じて3つのカテゴリに分かれています。

❶営業活動：日常的な会社の営業活動での入出金
❷投資活動：設備や投資といった投資活動での入出金
❸財務活動：資金調達活動での入出金

もう少し、各項目を見てみましょう。

これがキャッシュ・フロー計算書だ！

キャッシュフロー計算書

XXX株式会社　　（単位：XX円）

	XX期	XX期	XX期
Ⅰ 営業活動によるキャッシュ・フロー			
税金等調整前当期純利益			
減価償却費			
貸倒引当金の増加額			
受取利息及び受取配当金			
支払利息			
有価証券売却益			
有形固定資産売却損			
売上債権の増加額			
棚卸資産の増加額			
仕入債務の増加額			
未払給与の増加額			
役員賞与の支払額			
小計			
利息及び配当金の受領額			
利息の支払額			
法人税等の支払額			
営業活動によるキャッシュ・フロー			
Ⅱ 投資活動によるキャッシュ・フロー			
有価証券の取得による支出			
有価証券の売却による収入			
有形固定資産の取得による支出			
有形固定資産の売却による収入			
貸付金の回収による収入			
投資活動によるキャッシュ・フロー			
Ⅲ 財務活動によるキャッシュ・フロー			
短期借入金の借入による収入			
短期借入金の返済による支出			
長期借入金の借入による収入			
長期借入金の返済による支出			
配当金の支払額			
財務活動によるキャッシュ・フロー			
Ⅳ 現金及び現金同等物の増減額			
Ⅴ 現金及び現金同等物の期首残高			
Ⅵ 現金及び現金同等物の期末残高			

① 営業活動 ▶P130～

② 投資活動 ▶P130～

③ 財務活動 ▶P132～

❶ 営業活動:日常的な会社の営業活動での入出金

現金収入

・現金で代金をいただいた
・売掛金が入金された
・前払いでお金をいただいた
・預金の利息が入った
など

現金支出

・現金で費用を支払った
・買掛金の支払いを行なった
・借入金の利息が引き落とされた
など

正常！

キャッシュ・フローが ＋ の状態とは？

▶ 事業の結果、現金や預金が増えている状態

キャッシュ・フローが － の状態とは？

▶ 事業の結果、現金や預金が減少している状態

一時的なら大丈夫。継続してマイナスの場合は
ビジネスとして成り立っていない可能性

キケン！

❶ 営業活動

営業活動は日々のビジネスで受け取った収入や支払った費用をグルーピングしたものです。基本的には営業活動によるキャッシュ・フローはプラス、黒字になることが前提条件です。

ここがマイナスということは、日々のビジネスを一生懸命頑張ってもお金が目減りしていくということですから、ビジネスとして成り立っていない状態です。

❷ 投資活動

投資活動はビジネスのための設備投資や、リターンを狙った投資

❷ 投資活動：設備や投資などの投資活動での入出金

現金収入

・機械を売却して代金を受け取った
・投資目的で買った株を売って代金を受け取った
など

現金支出

・設備を買って代金を支払った
・ソフトウェアを買って支払った
・投資目的で株を買って代金を支払った
など

キャッシュ・フローが ＋ の状態とは？

▶ お金が苦しくて売り払っている場合は危険

設備や株の売却により臨時収入が多かった

キケン！

キャッシュ・フローが － の状態とは？

正常！

▶ 将来に向けた投資（設備投資や金融投資）を行なっている

活動による入出金です。基本的には投資活動によるキャッシュ・フローはマイナスになります。

投資活動がマイナスということは、設備投資等を行い会社の将来の収益を増やすための活動にお金をかけていると言えます。

逆に投資活動がプラスということは、設備等を売ってお金を作っている状態です。

余っている資産の売却やリターンを狙った投資活動の成果であれば良いのですが、お金が苦しくて売り払っているのであれば、それはその場しのぎに過ぎず存続が危ぶまれます。

③ 財務活動：資金調達活動での入出金

現金収入

・借入金を調達した
・社債を発行して調達した
・株式の発行により調達した

など

現金支出

・借入金を返済した
・社債を償還した
・自己株式を購入した

など

キャッシュ・フローが＋の状態とは？

▶ お金が苦しくて調達を繰り返しているのであれば危険

銀行や投資家など、社外からお金を調達してきた

キケン！

正常！

キャッシュ・フローが－の状態とは？

▶ 銀行や投資家等、社外への返済を行っている

③ 財務活動

財務活動は、借入金の調達や返済など資金調達活動の状況を表します。

借りたお金を返していくのが普通の流れですから、一旦大きなプラスとなり、翌年以降はマイナスが続くというのが普通です。

財務活動のキャッシュ・フローがプラス続きの場合は要注意です。

健全に発展しており、そのために投資が必要で資金調達が増えているのであれば良いのですが、お金が足りずに調達を繰り返している会社は非常に危険です。どこかで、誰も貸さなくなり破綻する可能性があるからです。

これらを総合すると、キャッシュ・フローは次のような形に落ち着きます。

営業活動で稼いだお金で、投資活動と財務活動の出金をまかなう

また、大きな設備投資などがある場合は次のようになります。

営業活動で稼いだお金と財務活動で調達したお金で、投資活動の出金をまかなう

個人で例えるなら、通常は営業（仕事で稼いだお金）で、投資（本を買ったり株を買ったり）や財務（ローンの返済）をまかないます。

そして、家を買うとか大学院に行くといった大きな投資がある場合は、通常は営業（仕事で稼いだお金）と財務（借入を行う）で、投資（住宅や大学院学費）をまかないます。

キャッシュ・フローの状態が会社の生死を決める

ひと昔前、「黒字倒産」という言葉をよく耳にしました。

利益は出ているのに倒産してしまうという現象は、会社経営に関わったことがない方からすると不思議に思うかもしれません。

逆に10年以上赤字が続いていても存続している会社もあります。

これも普通の方の感覚では不思議な印象を受けると思います。

ビジネスとして成り立っていないのに、どうやって存続しているのか。

結論を言いますと、**会社が潰れるか潰れないかと赤字か黒字かは直接的には関係ありません**。もちろん赤字が続くほど潰れるリスクが高まりますが、赤字＝倒産というわけではありません。

会社は、お金の支払いができなくなったときに潰れます。

会社は、仕入業者や従業員、国や市区町村といった関係者に、「何をいつまでにいくら支払います」という約束をしています。

個人でもそうですが、収入の状況にかかわらず約束した時期に約束した金額を支払わなければ債務不履行となります。

いきなり差し押さえというケースは少ないでしょうが、払えなければ最悪財産を差し押さえられてしまうのは個人も会社も同じです。

キャッシュ・フロー計算書には、期末現預金残高という項目があります。

この金額が会社の生死を占う大事な数字です。

この金額が少なければ、倒産のリスクが高い状態です。

もっと言えば、通常の会社であれば第1章でお伝えした資金繰り表を作成して管理しています。

お金が足りるのか足りないのか、足りないのであればどうやり繰りをするのか考えるための資料で、「このままいけば3カ月後にお金がなくなる（資金がショートするとも言います）可能性が高い」というような予想を立てる資料です。

キャッシュ・フロー計算書はあくまでも年間の結果ですが、何年かを並べてみるとよいでしょう。年々現預金残高が減っている、毎年営業活動で稼げておらず、財務活動でまかなっている等、会社の生死の兆候が見える資料とも言えます。

キャッシュ・フロー計算書まとめ

キャッシュ・フロー計算書のキホン

「お金の流れ」を表す資料

1 営業活動
日常的な会社の営業活動での入出金

2 投資活動
設備や投資といった投資活動での入出金

3 財務活動
資金調達活動での入出金

それぞれの活動の正常な状態を知る

1 営業活動
事業の結果、現金や
預金が増えている状態

＋が正常！

2 投資活動
将来に向けた投資
（設備や金融投資）を行っている

－が正常！

3 財務活動
銀行や投資家など、
社外への返済を行っている

－が正常！

お金の流れを見る資料です。
営業活動、投資活動、財務活動による入出金の流れを見て、
会社の健康状態を知ることができます。

健全なキャッシュ・フロー計算書はこうなる！

キャッシュ・フローの流れを見れば、
事業の経営状態が健全かどうかがわかります。

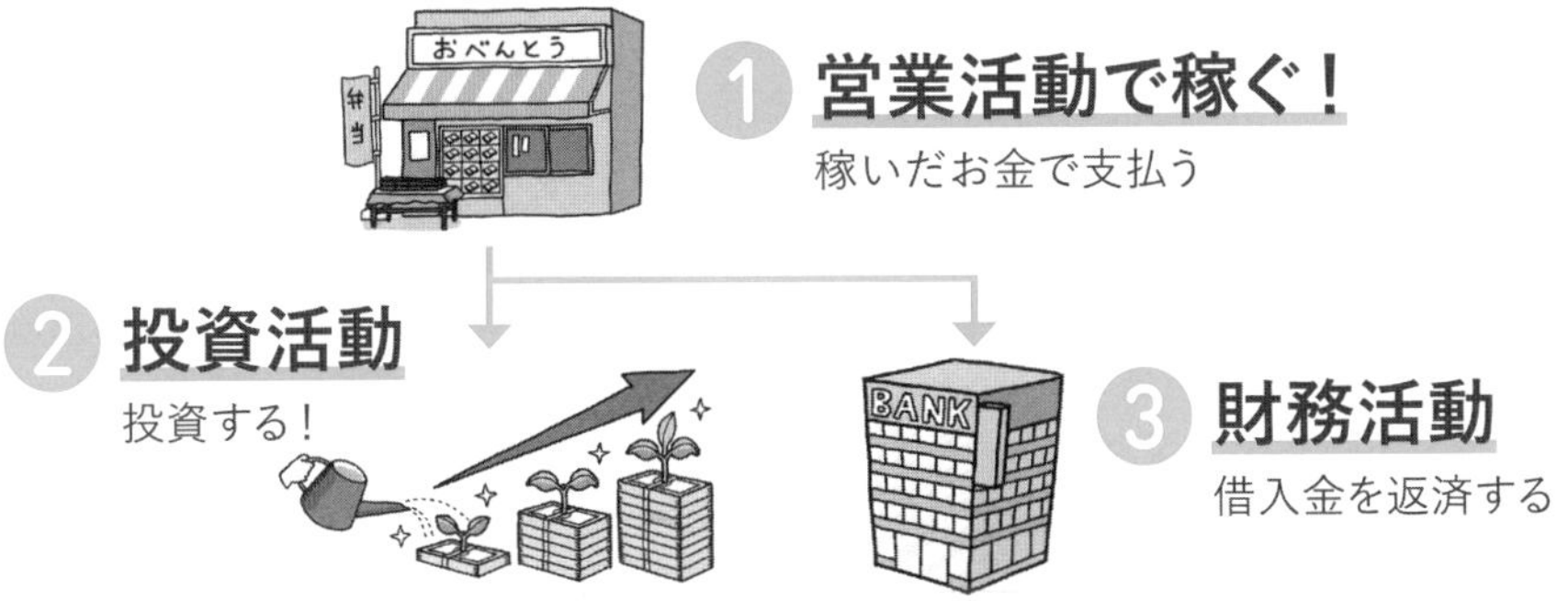

大きな設備投資などがある場合

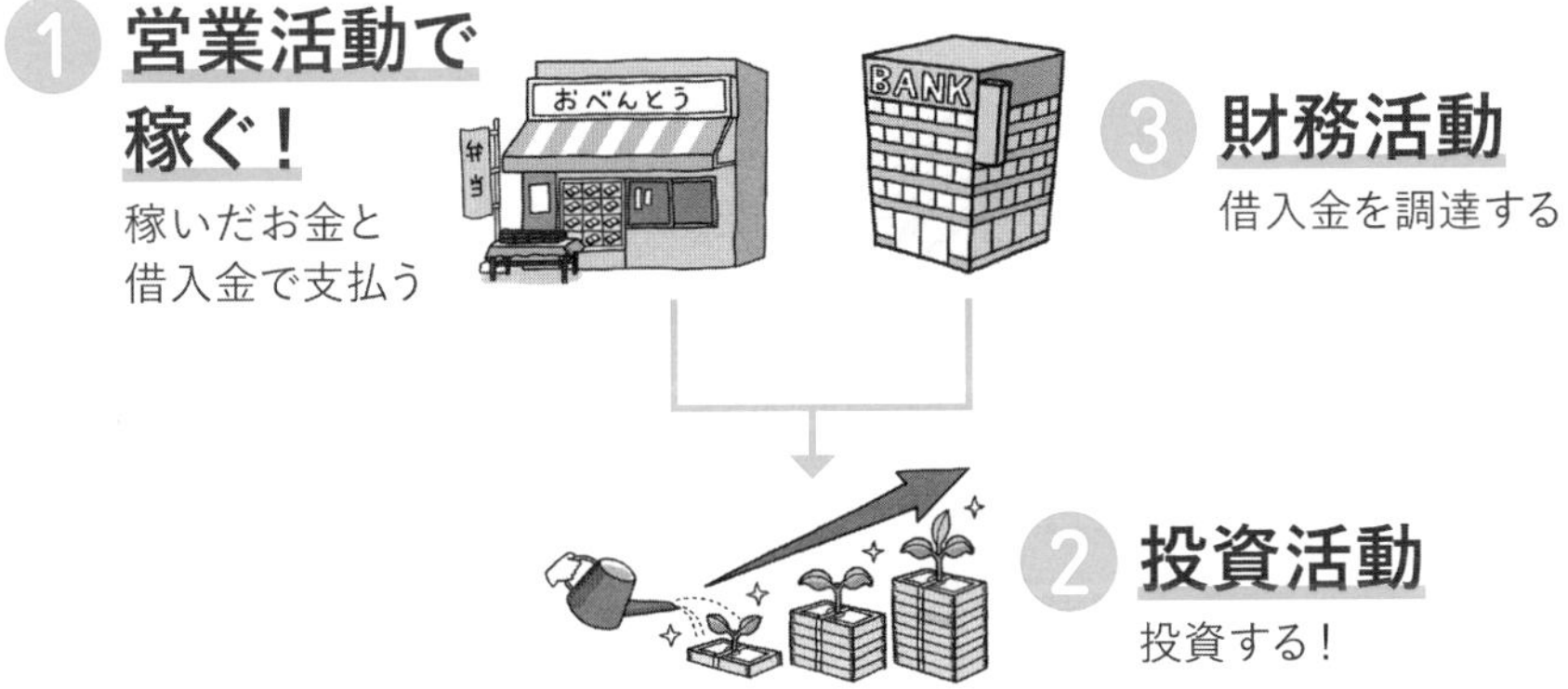

COLUMN

インボイスについて

会社が納める消費税は、「お客様から受け取った消費税」から「会社が支払った消費税」を差し引いた金額です。例えば売上等で合計100万円の消費税を受け取り、経費等で合計40万円の消費税を支払った場合、100万円－40万円＝60万円の消費税を納めるというのがざっくりとした仕組みです。

インボイス制度の導入により「会社が支払った消費税」について登録番号がある会社かない会社かによって扱いが変わります。一言で言えば、登録番号がない会社へ支払った消費税は、最初にお伝えした計算の際にカウントできないのです。

最初の計算式について、経費等で合計40万円の消費税を支払ったが、そのうち10万円は登録番号がない会社への支払だったとすると、この10万円はカウントされません。そのため、100万円－30万円＝70万円と納める消費税が多くなります。

期間を設けて救済措置が設けられていますが、登録番号がない会社との取引は会社の資金負担を増やす要因になるのは間違いありません。

第3章 自分の仕事を上手くこなすための使い方

会計の真骨頂！分析に挑戦しましょう！

第2章では、会計資料の中身についてお話してきました。第3章ではこうした資料を活用して会社の状況を把握し、自分の仕事に役立てていくやり方をお伝えします。

1 分析の基本

儲かったか儲かっていないかといった成果は、日々の業務の積み重ねです。

分析というのは、日々の業務での行動や成功要因、阻害要因を見つけ出していく作業になります。

言い換えれば、成果に対して「どうしてそうなった？」を調べていく行為です。

分析と改善の関係

「どうしてそうなった？」を繰り返していくと、これがポイントではないかという点が出てきます。

こうして出てきたポイントを他でも応用できないか、問題があるのであれば解消できないかと考えることで改善につながります。

実はこうした流れは、成績が上がる子どもの勉強方法とも通じます。

例えば、「国語の成績が悪い」というのは大まかな傾向です。

これを改善するためには、国語の成績が「どうして悪い？」のかを調べる必要があります。

授業態度はまじめで提出物は欠かさないが、テストの点数が悪い子であればテストの対策が必要です。

テストの点数は良いが提出物は出さない子の場合は、この点を解決する必要があるでしょう。また、テストの点数が悪い子でも、テストの点数が「どうして悪い？」の

分析とは……

どうしてそうなった？　を調べる作業。
分析によって出てきたポイントを、様々に応用し役立てます。

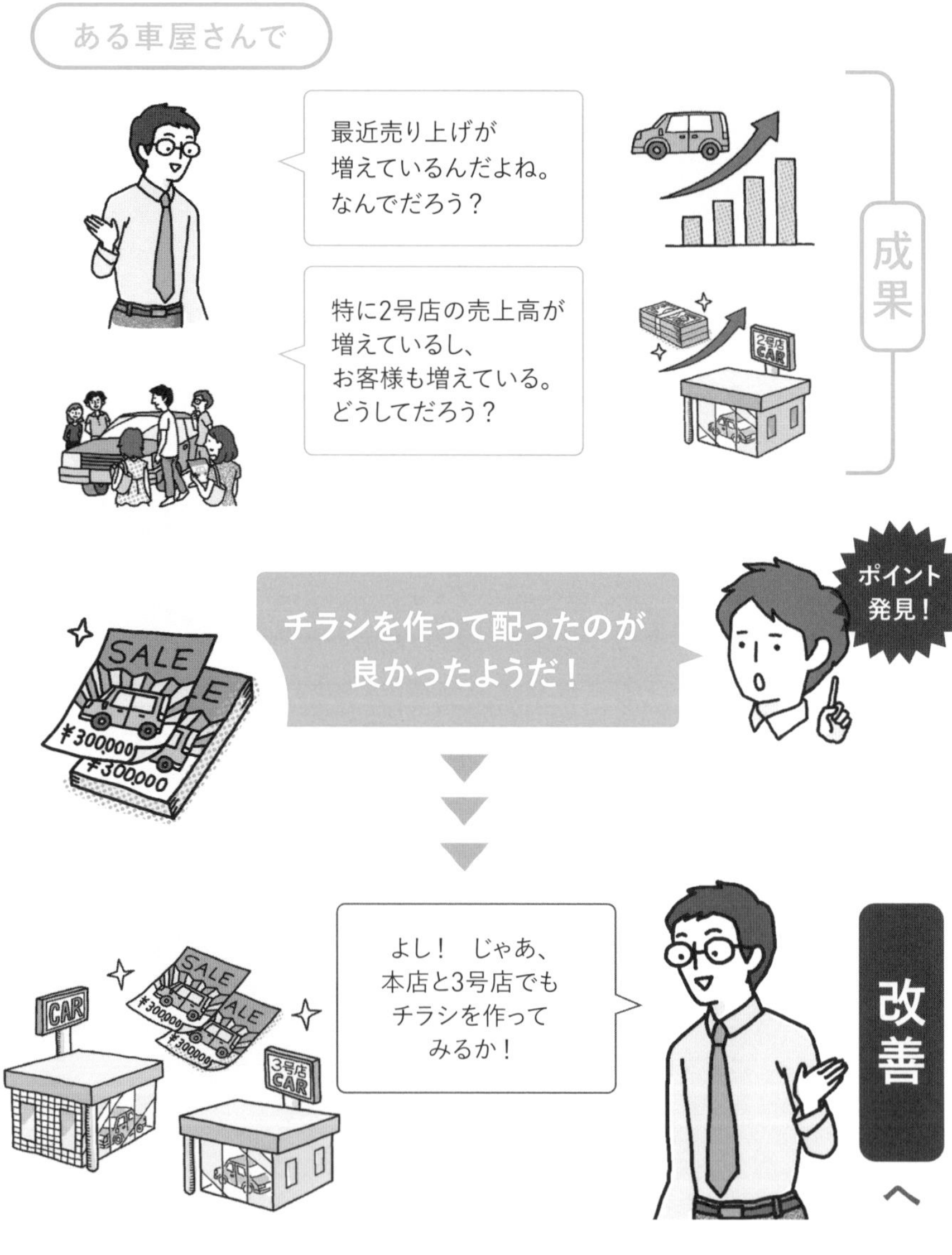

ある車屋さんで
最近売り上げが
増えているんだよね。
なんでだろう？
特に2号店の売上高が
増えているし、
お客様も増えている。
どうしてだろう？
2号店
CAR
成果
SALE
¥300,000
¥300,000
チラシを作って配ったのが
良かったようだ！
ポイント
発見！
CAR
SALE
¥300,000
ALE
¥300,000
3号店
CAR
よし！　じゃあ、
本店と3号店でも
チラシを作って
みるか！
改善
へ

分析をもっとわかりやすく

分析～改善への流れは、子どもの成績と勉強方法選びに通じます。

原因は？

原因は？

分析
テストの結果は良いが、
提出物が守れない
提出物の強化が必要

分析
授業態度は良いが、
テストの点数が悪い
テスト対策が必要

原因に応じた対策が必要！ 会社も同じ！

かを調べる必要があります。

読解力を問う問題に弱いのか、漢字の点数が低いのかによっても、対策は変わるでしょう。会社の分析もこれと同じです。

会社や仕事が上手くいかない大きな原因

会社や仕事が上手くいかない大きな原因の1つに、「思い込み」があります。

私が経験した過去の相談例でも、

A社「お客さんの数が減少しているので店舗販売は難しい。EC販売に力を入れたい」

B社「新規ターゲットの開拓が進んでいないので、効果的な営業方法が知りたい」

C社「チラシを定期的に配布しているが効果がないので、効果的な販促方法が知りたい」

というようなご相談がありました。

しかし、ひと月ほどの分析で分かったことは、

A社 **お客さんの数はむしろ増加。減ったのは客単価**

B社 **そもそも新規ターゲットへのアプローチがほとんどなされていない**

C社 **実は来店されるお客様は増えていたが、店側のキャパシティ不足で対応できていなかった**

という有様でした。

そしていずれの会社も本来の原因に向き合い改善を行った結果、成果をあげています。

こうした会社は数多くあります。

社長や社員の感覚と実態に乖離があり、対策を考えてもなかなか成果が出ない。いろいろな新しい手法に飛びつくが、成果につながらない。

こうした場合は、そもそも考える問題や課題が「思い込み」ではないのかを疑うべきでしょう。

数多くの会社を見てきて思うことは、大層な対策ではなく意外なほど小さな対策が大きな成果をあげることが少なくないということです。

思い込みが成功を阻害する

**会社の業績が上がらない原因を探り、
対策を考えても結果が出ないことがあります。
そんな時は問題そのものが、
あなたの思い込みによるかもしれません。**

お客さんが
減ってしまったから店は
あきらめようか……

分析の結果

お客様は増加！

実は　接客の問題で
客単価が減少

分析の結果

営業方法が悪くて
新規開拓が進んでいない

実は　アプローチが
ほとんどされていない

分析の結果

チラシは反応が悪い

実は　来店するお客さんは増加。
キャパシティの問題で対応できず

● 現場でできる分析の流れ

分析の流れは大まかに、

❶ 分析の目的
❷ 会計資料や手持資料を使用した大まかな傾向の把握
❸ 深掘りした分析

という流れになります。

❶ 分析の目的

まずは分析を行う目的です。大まかな全体像を把握したい、具体的な課題が生じていてその解決のヒントとしたい、健康診断のように定期的にチェックしておきたい、というように分析を行う何らかの目的があると思います。

分析は少なからず時間がかかります。目的もなくただただ慣習で資料を作成するのであれば時間の無駄です。そのため、分析を行う際には、今回の分析がどんな目的を持ったものなのかを自問自答しましょう。

❷ 会計資料や手持資料を使用した大まかな傾向の把握

まずは社内にある資料を使って分析を行います。社内の資料だけでは足りないケースも多いのですが、調査には時間とコストがかかります。

また、そもそも今考えている課題や問題のポイントが本当に正しいのかも分かりません。

前述のとおり、ただの思い込みだったというケースもたくさんあります。傾向を把握するまでは「これが問題だ」と考えていたけれど、分析を進めると原因は別のところにあったというケースを何度も目にしてきました。

❸ 深掘りした分析

大まかな傾向を把握した後、まず深掘りしたい項目を決定します。

例えば、「売上高が増加傾向にある」という傾向に対して、

● 各店舗ではどうなのか
● 各商品ではどうなのか

といった「どうしてそうなった？」を深めていきます。

ここからは資料が手元にないケースが生じてきます。こうした項目を調べるには調査が必要になりますので時間と労力がかかります。

闇雲に調査するのは非効率ですので、ある程度的を絞っての調査が必要です。

その後、調査を経て深掘りしたい項目の分析が完了します。

場合によっては、深掘りした項目の中でもさらに深掘りする必要が出るケースもあります。

● 分析の注意点

分析を行うにあたって注意すべき点があります。

多くの会社でやりがちなミスですので、細かな分析の話に入る前にお伝えしておきます。

- **完璧にしようとしない**
- **分析手法に絶対はない**
- **定点ではなく比較や分解をしてみる**

一つひとつ説明していきます。

完璧にしようとしない

できるだけ正確にしようという心構えは必要ですが、**完璧な分析を求めないことが大事**です。

まず、時間がかかりすぎて動きが遅くなってしまっては本末転倒。世の中はどんどん変化していますので、分析にばかり時間をかけていてもいけません。

また、完璧な分析などありえません。

情報を完全に把握することがそもそも不可能ですし、分析の基となる資料自体も完璧ではありません。

そもそも分析は、分析をすることが目的ではなく、仕事に役立てることが目的です。

完璧な分析と対策を目指すよりは、大まかでも傾向を把握して「こうではないか」と動いてみる。その結果を分析して対応を変えるというトライアンドエラー方式のほうが良いと思います。

分析方法に絶対はない

世の中には様々な分析手法がありますが、これを過信しないことです。

「完璧にしようとしない」とも通じますが、分析手法をお伝えすると学校で教わった数学の公式のようにきちんとしなければならないと考える方がいらっしゃいます。

こちらもある程度の正確さは大事ですが、こだわりすぎては時間の無駄です。

一例としては、

損益分岐点分析で、これは固定費なのか変動費なのか
部門別分析で、部門をまたがる費用を正確に分けるにはどうしたらいいか

というようなものがあります（分析の内容は後述します）。

これも完璧な答えはありません。

解釈の問題になってきますので、100％これが正しいというものはないのです。

もちろん、正確性を高めるための取り組みは可能ですが、それも時間やコストを考えてどこまでやるのかが大事です。

また、分析手法を大事に守る必要もありません。

使い込んでしっくりこない場合は、オリジナルにカスタマイズしていけばよいと思います。

そもそも今出回っている分析手法は、どこかの誰かが「自分が見たいことをどうすれば見えるか」と考えて作ったものです。

そのため、使ってみて自分達が見たいものが見えなかったら、カスタマイズしたり自社オリジナルの指標を作ったりするといいと思います。

これから様々な分析手法をご紹介しますが、これも私や私のお客様が見たいと思ったものを見るために使っているものです。

このようなことを見たかったからこのような分析をした、という説明をしますので、これをヒントに自分なりに考えていただければ幸いです。

定点ではなく比較や分解をしてみる

ある1点の状況だけを切り取っても見えてくることは少ないです。

例えば、テストで80点だったという情報だけでは判断はできません。

クラスの平均点が50点だったのか、90点だったのかで評価は変わります。

あるいは、いつも20点しか取れない人が頑張って80点を取ったのであれば、これも印象が変わると思います。

また、全体だけを見ていても分からないことは多いです。テストで80点という情報にも、例えば文章問題ではどうだったのか、漢字の問題ではどうだったのかと分解することで得意不得意が明確になります。

このように、分析を行う際には、

何かと比べる
分解してみる

ことにより状況を把握しやすくなります。

2 目的別の分析

これから具体的な分析手法をいくつか紹介していきます。

ここでは分析の目的を大きく2つに分けて、それぞれの手法について解説していきます。

2つの目的は、

- **潰れないか知りたい**
- **儲かっているのか知りたい**

です。

「潰れないかを知りたい」は、社長など会社のお金を運営する方が確認しておきたい事項です。お金を管理する人の心情としては、このまま運営していても大丈夫かなという漠然とした不安があります。

こうした不安を解消する、あるいは危機感を促すのがこの分析の目的です。

「儲かっているのか知りたい」は、会社に所属するほぼすべての人に関わる事項です。成功要因や阻害要因を把握することで、適切な対応を取ることがこの分析の目的です。

COLUMN

元気な会社とそうでない会社の違い

中小企業の最大の強みは機動力です。元気な会社かどうかは、変わることへの抵抗感に左右されます。同じように提案をしても、すぐに着手できる会社は業績改善も早い。逆にアレコレ理由をつけて動かない会社は、衰退の方向に向かっていることが多い。

抵抗感がない会社には様々な人から助言が集まります。アドバイスする方からすれば動いてくれる人は気持ちがいいので、ついいろいろと情報提供したくなります。逆に動かない方には「言ってもムダ」という印象が強くなり疎遠に。

元気な会社は助けを求めるのも早いです。私は事業再生の仕事も多く携わっていますが、もう半年、もう1年早く声を上げたら楽だったのにという会社も少なくありません。第三者から見て「まだ大丈夫かな」という会社ほど「大丈夫でしょうか」と早く周りに助けを求め、「これはヤバいでしょう」という会社ほど「まだ大丈夫」とのんきに構えている。現状を変えることに抵抗感があり先延ばしにする方が多いです。

1．潰れないか知りたい

第2章でお伝えしましたが、会社はお金がなくなったときに潰れます。そのため、この目的ではお金が続きそうかという視点で見ていきます。

ここで紹介する分析方法は図のとおりです。

潰れないか知りたい際に、まず時間をかけずパッと見て判断する方法が貸借対照表を使用した安全性分析というものです。

その中でも2つの見たいことに絞ってお伝えします。

また、貸借対照表はある時点の財産状況を表すため、一見良さそうだが、年間を通じてみるとどこかのタイミングで苦しいという会社も少なくありません。

具体的には、繁忙期と閑散期の差が激しい業界や、仕事が入っても代金の入金が遅い業界がこれに当たります。

こうした業界の場合は、貸借対照表の時点だけ見ても安全とは言えません。年間を通じて大丈夫かを調べたほうがよいでしょう。

潰れないか知りたい

パッと見て判断したい	使用する資料:貸借対照表 ❶ **1年くらいは大丈夫か?** ❷ **長い目で見て大丈夫か?**
年間を通じて大丈夫か	使用する資料:月次試算表、資金繰り表 ❸ **過去の傾向から見て大丈夫か?** ❹ **現状も踏まえて大丈夫か?**

● パッと見て判断したい

1年くらいは大丈夫かをパッと見て判断したい場合、

● 流動比率
● 当座比率

という指標を見るとよいでしょう。

当座比率は流動比率の発展バージョンなので、まずは流動比率を見ていきます。

流動比率のポイントは簡単です。

左側にある流動資産が右側の流動負債よりも多いか少ないかだけです。

多い場合は、1年は大丈夫そうと判断できます。

少ない場合は、1年もたないかもしれません。

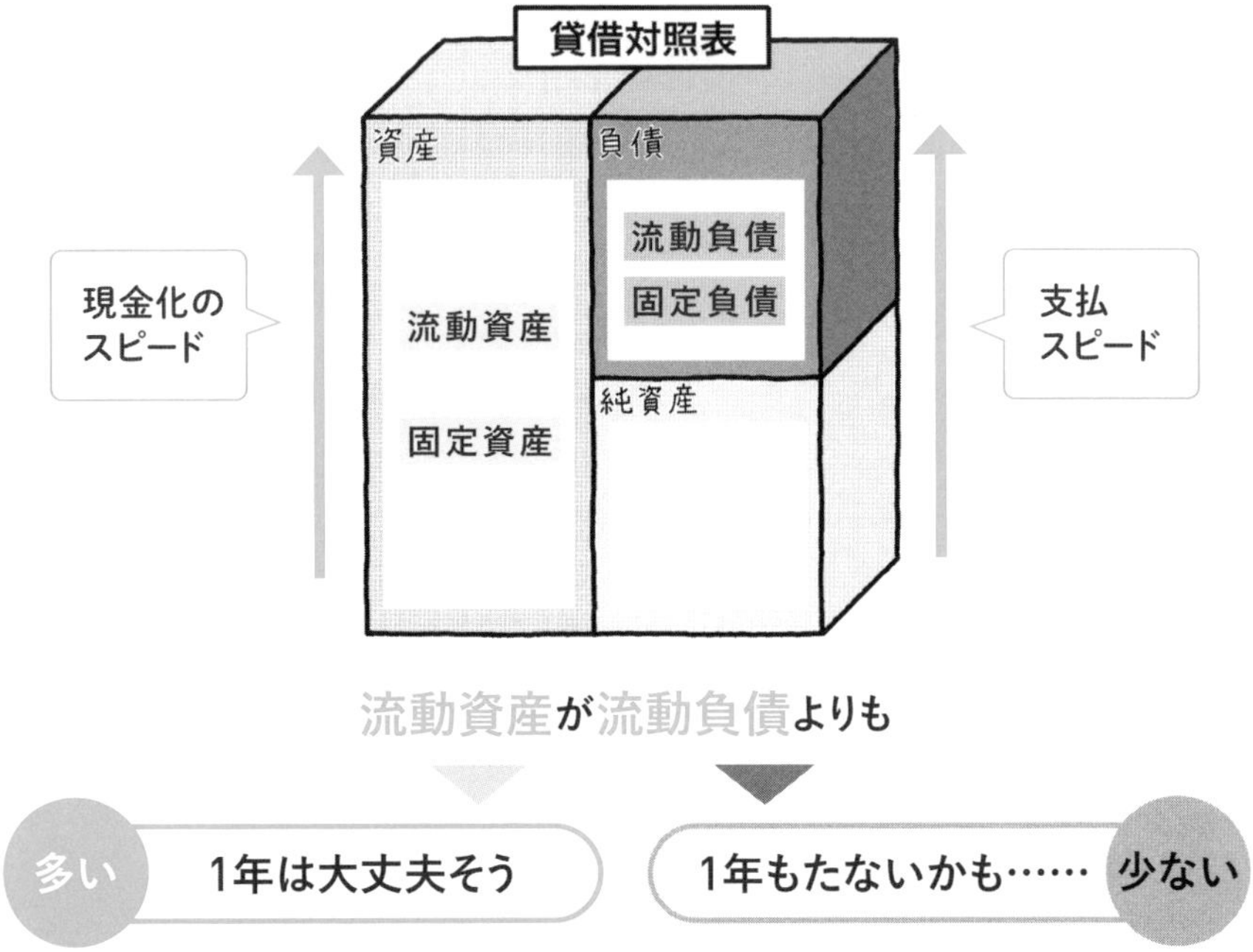

なぜこのような判断になるのかというと、流動資産は1年以内に集められる現金です。一方、流動負債は1年以内に支払わなければいけないお金です。

多い場合は、1年以内に支払わなければいけないお金を集められる状況にある。

少ない場合は、お金が集められないという状況です。

なお、多いから安心、少ないから不安というのは会社や業界の状況によってまちまちです。この辺りは業界平均や、過去の会社の流動比率を見て総合的に判断します。

当座比率は、流動比率をもう少し厳しく見た指標です。

現預金や売掛金、受取手形、未収入金等、流動資産の中でも現金化しやすい資産だけを当座資産と言います。

この当座資産が流動負債と比べて多いか少ないかを見ます。こちらも当座資産のほうが多くないと資金繰りが心配です。

とはいえ、流動比率同様に総合的な判断が必要ですが、パッと見て判断したい場合は当座資産が流動負債より多いかを確認します。

長い目で見て大丈夫か

1年くらいは大丈夫そうだが、その先はどうなのかをパッと見て判断したい場合、

- 自己資本比率
- 固定費比率（固定長期適合率）

という指標を見るとよいでしょう。

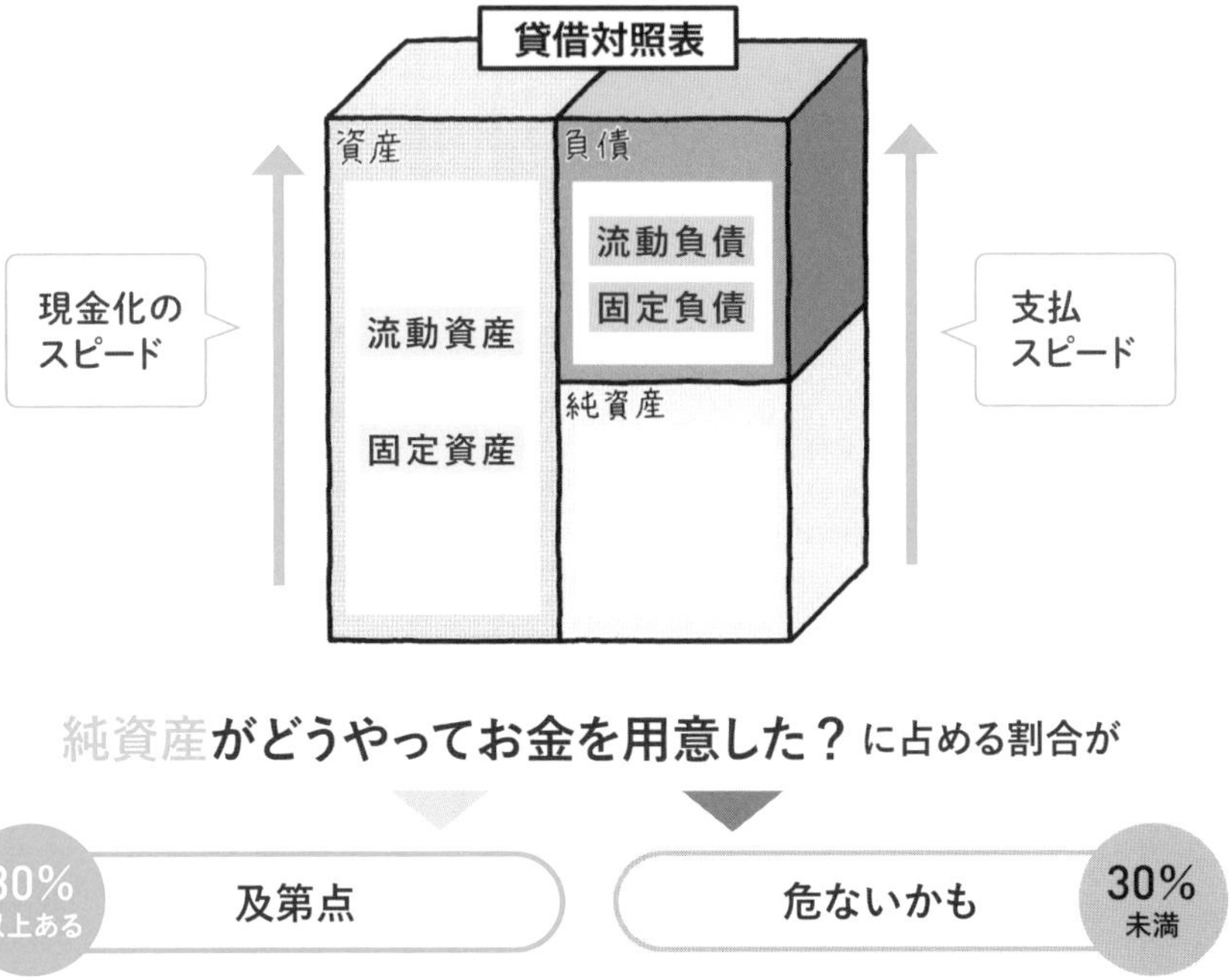

自己資本比率

まず自己資本比率ですが、これは「どうやってお金を用意した？」のうち、純資産がどのくらいの割合を占めるかです。

おさらいになりますが、どうやってお金を用意したかには、返済が必要な負債と返済がいらない純資産がありました。

この純資産の割合が多いほど、返さなくていい方法でお金を用意しているわけですから長い目で見て安全と言えます。

逆に返さないといけない方法の割合が多いほど、長い目で見ると苦しい。

個人で例えるなら、堅実に貯金して家を買った人と多額の借金をして家を買った人のようなものです。

自己資本比率ですが、少なくとも

30%は欲しいと言われています。

固定費比率（固定長期適合率）

固定費比率は、「もっている資産」の固定資産と純資産を比較します。

固定資産という長く使用する資産は、返済の必要がない純資産で用意するのが望ましいというのが基本的な考え方です。

そのため、固定資産に比べて純資産のほうが多いほうが望ましい。と、言いたいところですが、話はそう単純ではありません。

固定資産は設備ですので、見方を変えれば現在のビジネスにおける武器であったり、将来に向けた先行投資であったりという側面を持ちます。

資金繰りという点を考えれば、理想はきちんと設備が整っており、純資産で投資のお金を用意できていることですが、調達コストという点を考えれば話は変わりますが、分析に慣れてから勉強しても大丈夫です）。

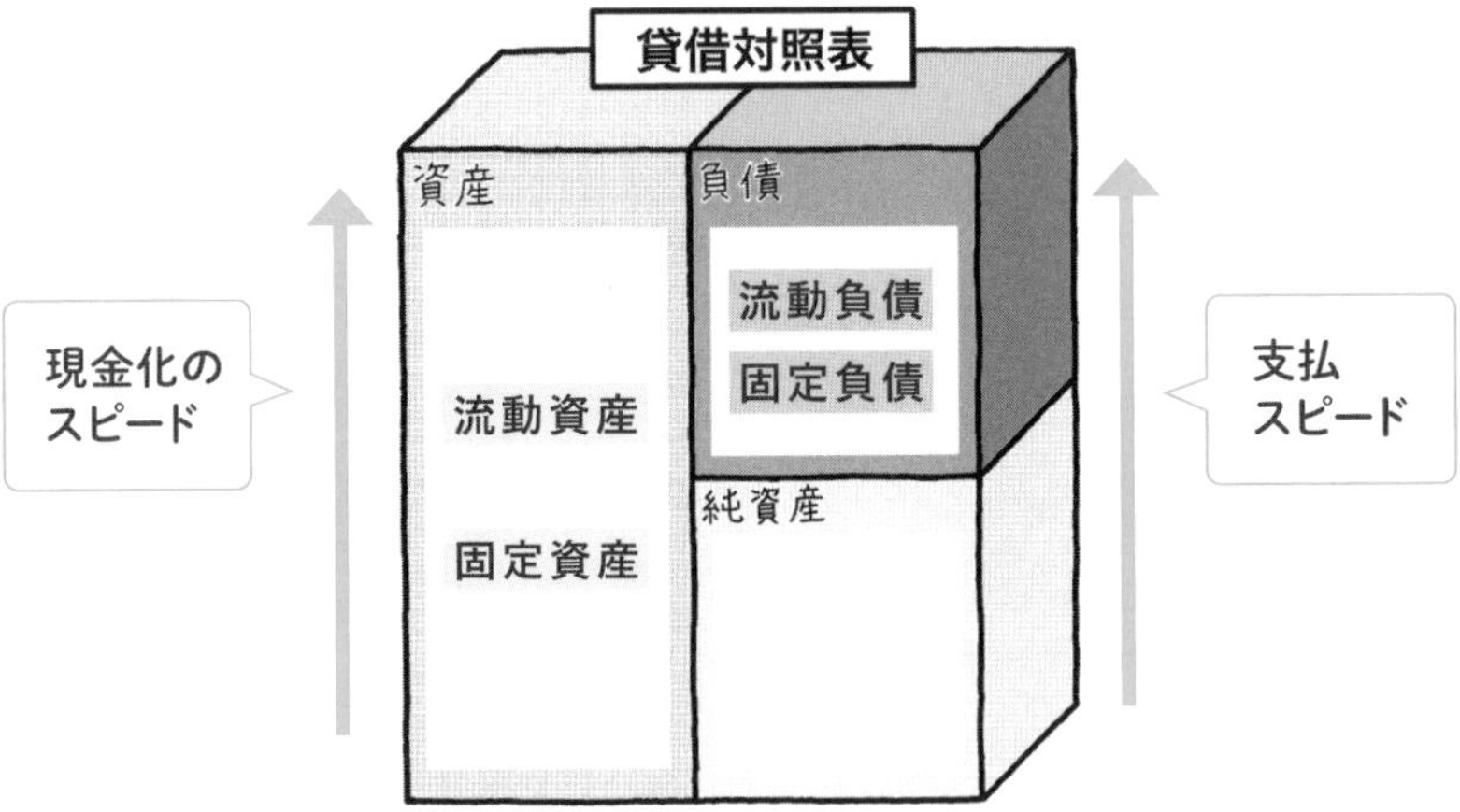

固定資産のうち、どのくらいの金額を純資産で用意できたか

理想：固定資産の調達資金を純資産で用意できた

ただ必要なのにもかかわらずほとんど設備投資をしていない会社は、固定資産が少額になるため、固定費比率が良くなる傾向があります。

こうした状況もあり得るため、**どの指標も過信せずに総合的に判断すること**が必要です。

固定長期適合率は、固定費比率をゆるく見た指標です。

固定費比率は、固定資産を純資産で用意するという考え方でしたが、**固定長期適合率は純資産＋固定負債で用意しようという考えです。**

個人で例えるなら、純資産で固定資産をまかなうというのは、ローンを組まずにキャッシュで家を買うようなものです。

さすがにこんなことはリッチな方以外そうそうできるものではありません。

ならばせめて、頭金と長期のローンで用意しようというのが固定長期適合率です。

年間を通じて大丈夫か

ここでは決算書の貸借対照表ではなく、月次試算表を見ていきます。決算書にある貸借対照表の数字は、あくまでも決算日時点の情報です。そのため、その時点では指標が良くても期中にお金が厳しくなるというケースは少なくありません。

そこで月次試算表から、月別の現預金残高を並べることで、大まかな会社の現預金動向を把握することができます。

次頁の図のような会社の場合、12月の決算時点の現預金残高が指標的に問題なくても、8月以降の減少を考えれば余裕があるとは言えない状態です。この会社の資金繰りを考えれば、お金がなくなる11月を見据えて準備をする必要があります。

こうした会社の事情というものはよくあることで、一般的な指標の目安だけでは判断できない理由の1つです。

そのため、過去の月次試算表をもとに自社のビジネスの傾向を把握することで、自社独自の目安を身につけられている会社もあります。

決算だけでは見えない事情

［月別現預金残高］

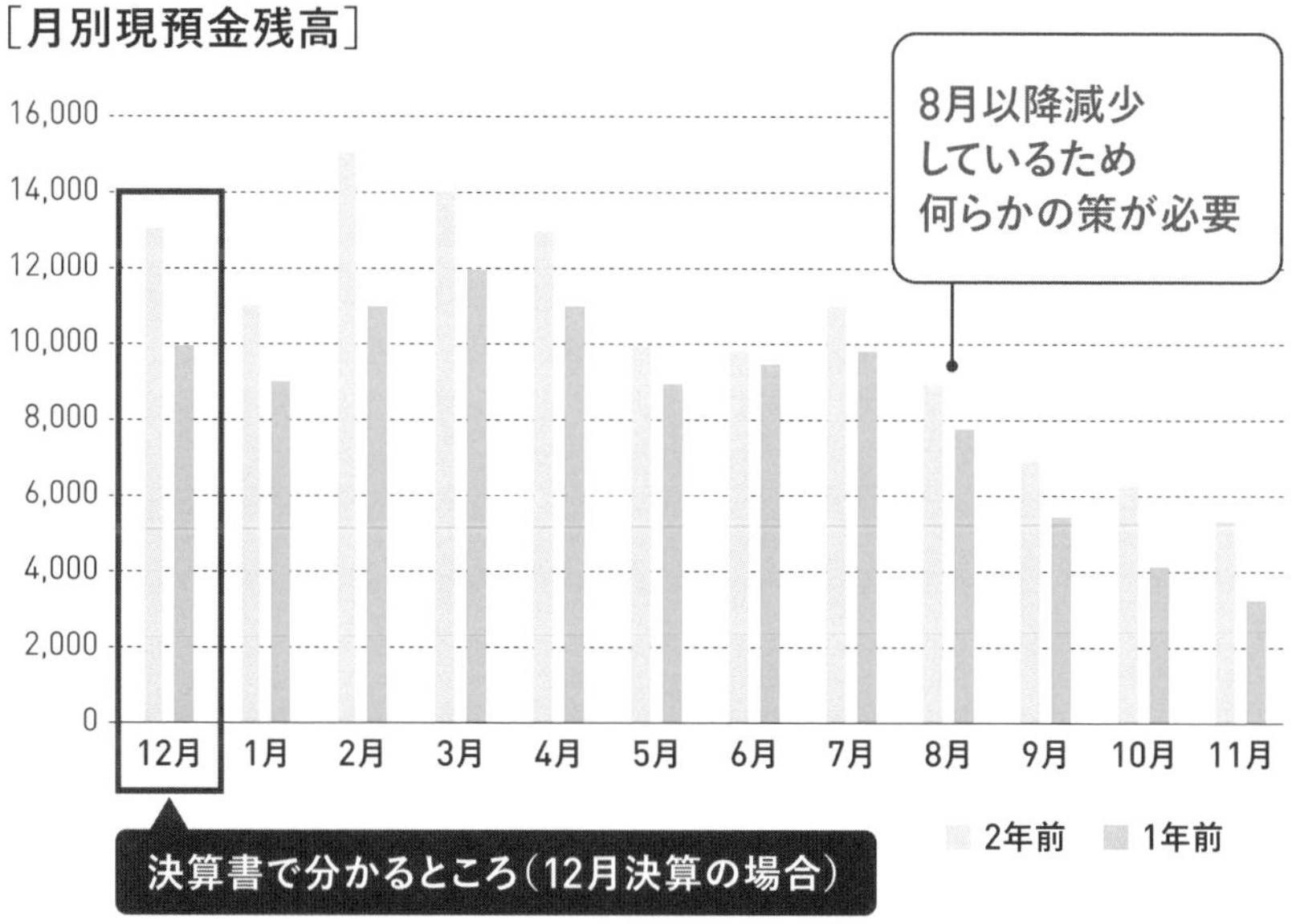

この時点では問題ないが……

●現状も踏まえて大丈夫か

ここからは厳密に言えば分析とは言えません。

しかし、「潰れないか知りたい」という目的においては、とても大事なことですのでお伝えしておきます。

ここまで、決算書からパッと見て、あるいは過去の傾向から判断してきました。

この次にくるのは、先々の資金繰り表の作成です。

過去の傾向と現時点で分かっている入金予定と支払予定から、先々お金が足りなくならないかを個別具体的に計算していきます。


ここでお金が足りなければ、経費の節約や資金の調達、入金条件や支払条件の交渉など、対策を講じなければなりません。

おすすめは、まず1年以内の資金繰り表から作成します。

ひと月ごとに、入金と出金の予定・見込を記載し、お金がマイナスになる月がないかを確認して、必要があれば対策を講じます。

見本に個人経営の資金繰り表例を掲載しました。

［資金繰り表の例］

入金は減少傾向になることが多い

		1月	2月	3月	4月	5月
期首		890	512	-47	-138	377
事業入金	A社様	108	108	108	108	108
	B社様	66	66	66	66	66
	C社様	55	55	55	55	55
	D社様	99	99	99	99	99
	XXX	130	70	270		150
	XX市		135	55	200	
	△△		130		120	
	その他		96		562	350
	入金合計	458	759	653	1,210	828
資金調達	個人借入					
	銀行借入					
	その他					
	資金調達合計	0	0	0	0	0
合計		458	759	653	1,210	828
事業出金	カード引き落とし	319	797	327	238	265
	α社	20	20	20	20	20
	β社		40		40	
	家賃	70	70	70	70	70
	投資					
	税金	30	34		40	
	その他	30	40	40	40	40
	出金合計	469	1,001	457	448	395
資金返済	個人借入					
	銀行借入	47	47	47	47	47
	その他	100				
	資金返済合計	147	47	47	47	47
合計		616	1,048	504	495	442
家計	生活費	220	270	240	200	200
期末		512	-47	-138	377	563

2月にマイナスになっているので対策が必要

これに慣れてきたら、向こう3年くらいの資金繰り表を作成してみましょう。

このとき、既存の取引先や既存の商品についての売上（入金）見込は段々と減少していくと考えたほうがよいでしょう（後述する取引先別や商品別売上高の推移から判断するのも良いです）。

こうして計算してみると、中長期的には厳しい状況になると思います。

大抵、入金は減少していきますが、出金はそれほど変わらないか増えていくケースが多い。

ここで感じてほしいことは、今のビジネスや仕事を続けているだけでは将来立ち行かなくなる可能性があるということです。

将来の資金繰りを成り立たせるためには、新しい取引先や新しい商品、場合によっては新しいビジネスが必要です。

そうしたことに気がつくためにも、3カ月に1回は中長期的な資金繰り表を見直してみてはいかがでしょうか。

2．儲かっているか知りたい

会社や仕事の収益性を高めるために行うのが、この分析です。

この目的においては、会社の状況に合わせて無数に分析方法がありますが、よく使う手法に絞ってお伝えします。

ここで紹介する分析方法はP172の図のとおりです。

まずは全体の大まかな状態を把握、その上でその原因を深く探っていきます。

1つは分かりやすい売上高という視点で見ていきます。

- **何が売れているのかを把握することで、力を入れる商品が変わってきます**
- **誰に売れているのかを把握することで、アプローチ先が変わってきます**
- **いつ売れているのかを把握することで、注文を入れるタイミングやスケジュールが立てやすくなります**

儲かっているか知りたい

大まかな状態を把握する

売上高や利益の状況

**どうして
そうなった？**

深く原因を知りたい

売上高

1. 何が売れているのか
2. 誰に売れているのか
3. いつ売れているのか
4. どうやって売れているのか

収益性

1. それぞれの儲けは
2. いくら売れば儲かるのか
3. 費用は適切か

どうやって売れているのかを把握することで、どういった対策を考えれば良いのかのヒントになります。

もう1つは収益性という視点で見ていきます。

いくら売上高が大きくても赤字であれば意味がありません。

またこのビジネスはどのくらい売上高があれば儲けが出るのかということを知っておくことも大事です。

さらに意外と費用の見直しをしている人や会社は少なく、検討段階では比較して考える方も継続することについてはザルなことが多いです。

こうした内容を見ていくことで、次の一手につながるヒントを得ていきます。

売り上げメインで読み解く

全体を見て
大まかに理解

売上が上がった

さらに売上を
伸ばす戦略を
立てる

売上が下がった

回復させる
手立てがない
か考える

売上が多くても儲からなければ意味がない

仕入れが高すぎて
**利益が
出ない**

一見多く見えるが……

売上高	1000万円
仕入高	999万円
利益	1万円

材料費をおさえ、
**利益を
出している**

売上高	**10万円**
仕入高	2万円
利益	**8万円**

● 大まかな状態を把握する

売上高や売上総利益、営業利益、経常利益を時系列で並べてみましょう。

初めは簡単に、決算書の数値（年単位）で並べて比較してみましょう。表では毎年売上高と売上総利益が増加しています。ところが営業利益にくると3年目にマイナスになってしまいました。

● 売上高は増えたが儲けが少ない取引が増えたのか
● 材料などの原価が上がっているのに価格に転嫁できていないのか
● 売上高の増加に対応した設備投資で固定費が大きくなったのか

などなど、いろいろな原因が考えられますが、それは深く分析していかなければ分かりません。

ただ、並べて比較することで「この期間に何らかの変化があった」ということは把握できます。

変化があったと思われる時期を特定することは大事です。

時期を特定することができれば、その時に起きた出来事や変化を詳しく調べること

数字を時系列で並べてみると……

ここで何かがあったことがわかる

	1年目	2年目	3年目
売上高	1,000	1,200	1,400
売上総利益	400	430	460
営業利益	10	30	-20
経常利益	5	15	-30

時期を特定して原因を把握することが大切！

で数字が悪化、もしくは良化した原因を把握しやすくなります。

そのため本当は年間の比較だけでなく、月ごとで数字の変化を追っていくほうが望ましいです。こうした情報を得るために月次試算表を活用します。

そうすれば「2021年度から変化している」ではなく「2021年5月頃から変化が生じている」とよりピンポイントで把握することができます。

利益率を把握する

P175の表は数字が分かりやすかったので、「売上粗利益が悪くなっているのでは」と感づいた方もいらっしゃると思います。

ただ、実際の数値は複雑なので、ただ並べてもパッと判断しにくいことが多いです。

そうしたとき、**利益率という考え方を使います。**

利益率とは、各利益が売上高に占める%を表します。計算は簡単で、

「各段階の利益÷売上高」で計算できます。

先ほどの決算数値から各利益率を計算してみました。

こうしてみると、売上総利益率がどんどん低下しているのがひと目でわかります。

第2章で損益計算書は4つの段階に分かれているとお伝えしました。

- **❶物やサービス自体の収支：売上総利益**
- **❷本業での収支：営業利益**
- **❸会社全体の通常収支：経常利益**
- **❹イレギュラーな収支も加味：税引前当期純利益**

利益率を出して大まかな傾向を掴む

	1年目	2年目	3年目
売上高	1,000	1,200	1,400
売上総利益	400	430	460
営業利益	10	30	-20
経常利益	5	15	-30

	1年目	2年目	3年目
売上総利益率	40.0%	35.8%	32.9%
営業利益率	1.0%	2.5%	-1.4%
経常利益率	0.5%	1.3%	-2.1%

どんどん下がっている

ただ繰り返しになりますが、この段階では大まかな傾向しか分かりません。より原因を探るために深い分析が必要です。

深く原因を知りたい

何が売れているのかを把握することで、力を入れる商品が変わってきます。

商売は相手がいることですから、こちらが売りたいと思っても相手にその気がなければ売れません。

何が売れているのかを調べる行為は、自分の都合や思い込みを排して、お客様のニーズを掴むヒントになります。

年々全体の売上高が低下しているような会社でも、個別に見ていけば横ばい、もしくは増加しているような商品をよく見かけます。

しかし、社長をはじめ会社としては昔ながらのやり方を習慣のように続けているところが多いです。

売れている物があれば、その原因や共通点を調べる。

既に社内で成功事例があることですから、それを強化、横展開していくことが収益向上の近道です。

また下がっている物も、何かこちらに原因があって下がっているなら対策を講じることで回復が期待できます。

個別に具体的に考えることで対策が取りやすくなります。

何が売れているのかを見る

方法は商品やサービスごとの売上高を比較することです。

1つは商品間での比較、もう1つは期間での比較です。

商品別の売上高を並べることで、何が自社の主力商品かが把握できます。

主力商品の売上高は維持・向上を目指すとともに、その下の商品群にも目をかけて次の主力商品に育てていく必要があります。

また、期間での比較も大事です。

主力商品でも何年か並べると明らかに衰退傾向にある商品というケースもよくあります。逆にまだまだ額は中堅どころですが、年々増加傾向にある商品というものもあります。

一般的にはABC分析と言われる手法ですが、私はこうした商品群をスポーツチームに例えることがよくあります。

主力商品は、いわば1軍のレギュラーメンバーです。まず看板となる商品やサービスがないとお客様を獲得するのが難しくなります。

ただ、看板商品に頼りすぎるのも考えもの。

その商品が衰退してきたときに、代わりの商品が育っていないとぐらつくのはスポーツチームも一緒です。

中堅商品は、いわば1軍控えか2軍選手です。

かつての主力商品やこれから伸びてきて将来の主力になるかもしれない商品群です。商品の売れ行きをよく見て、次の主力商品に育てていく開発や販促活動が必要です。

その他の商品は、いわば3軍です。

発売したばかりの新商品や、何年も売れ行きが芳しくない商品等、様々な商品が混在しています。

方針としては、新商品投入による商品数の増加と商品ラインナップ見直しによる廃版を行い、入れ替えをしていきながら将来の中堅商品、主力商品を目指します。

自社の主力商品を把握する

主力商品

売上の維持、向上を目指す。少数の商品に売上が集中すると売れなくなった時のリスクが大きい

中堅商品

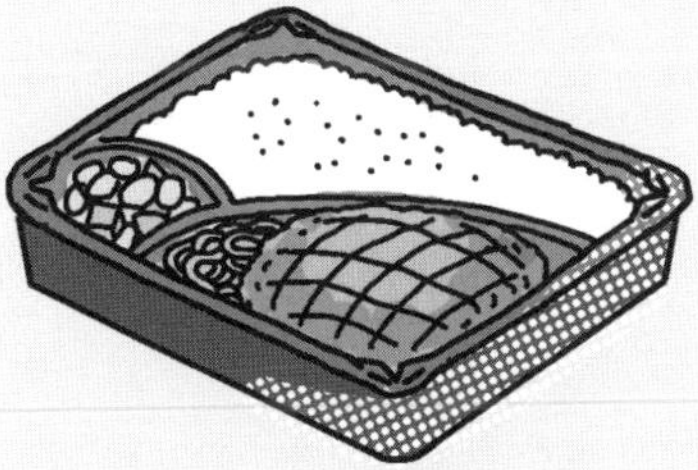

次の主力商品を目指して育てていく

その他

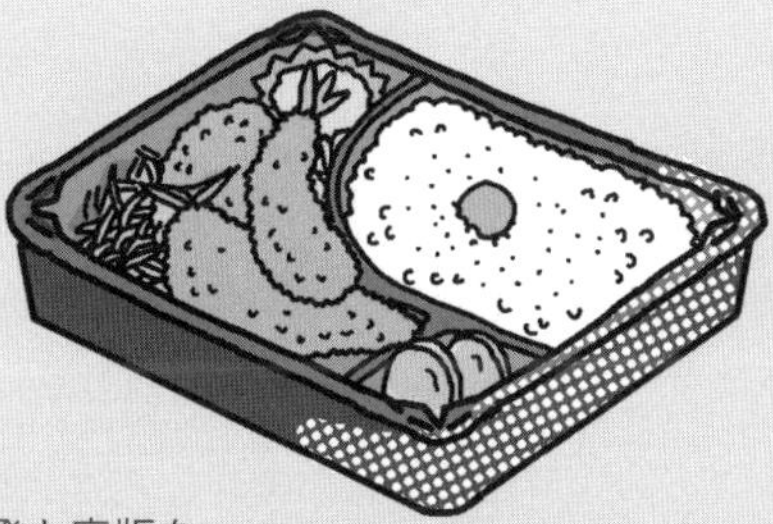

開発と廃版を
繰り返しながら中堅商品を見出していく

こうした全体のバランスや傾向を見ながら、どの商品やサービスを強化していくか、あるいは新しい開発が必要なのかを考える目安にします。

誰に売れているのかを見る

誰に売れているのかを把握することで、アプローチ先が変わってきます。ただ売上を上げようと、闇雲にあちこちアプローチをしても労力がかかるばかりです。

どのようなお客様や得意先様層に自社が受け入れられているのかを把握することで、アプローチ先やその方法を考えるヒントになります。

どの得意先かを見る

こちらも何が売れているのかを見ると同じで、得意先ごとの売上高を比較します。得意先数が多い場合は、グループを作ってグループ間で比較することもあります。

対策の考え方は商品・サービスと同じです。

誰に売れているか

把握することで、アプローチ先が変わる

[得意先別]

A株式会社が増えている

	得意先名	1年目	2年目	前年比
1	A株式会社	5,320	7,520	2,200
2	株式会社C	4,720	3,500	-1,220
3	X商店	3,600	2,500	-1,100
4	WW株式会社	2,540	2,610	70
5	合同会社Y	2,210	1,820	-390
6	株式会社S	1,840	1,640	-200
合 計		20,230	19,590	-640

[グループ別]

20代、30代女性が増えている

	得意先名	1年目	2年目	前年比
1	30代男性	9,400	8,800	-600
2	40代男性	6,700	6,800	100
3	20代男性	5,400	5,120	-280
4	20代女性	5,360	6,520	1,160
5	30代女性	4,300	5,480	1,180
6	50代男性	3,250	3,500	250
合 計		34,410	36,220	1,810

全体のバランスや傾向を見ながら、どの得意先を強化していくか、あるいは新しい開拓が必要なのかを考える目安にします。

● **シンデレラという商品、得意先**

中小企業の現場で、今までお伝えしたように商品や取引先を眺めていくと気がつくことがあります。

● **「社長や従業員の記憶に薄いけれど安定して伸びている商品」**
● **「主力商品と同じような特徴があるのに伸びていない商品」**

調べてみるとこうした商品や取引先の中には、会社が重視していなかったために大きく伸びていない、あるいは売れていないというものが隠れていることがあります。
本当は輝くポテンシャルを持っているのに扱われ方が悪い、童話に出てくるシンデレラのような商品・取引先です。

売れている商品や取引先が分かった後は、そのポテンシャルを活かせば売れるのに売れていないシンデレラがいないか探すことも重要です。

いつ売れているのかを見る

いつ売れているのかを把握することで、注力するタイミングやスケジュールが立てやすくなります。

一般的には売れる時期のほうが売りやすいですし、売れない時期は頑張っても効果が薄いものです。真夏にストーブを勧められても、なかなか買おうという気にはなれないでしょう。

また、忙しい時期にあれこれ準備をしろというのも無茶というものです。多くの中小企業を見てきましたが、この視点が欠如している会社が多い。ヒマなときの感覚で、繁忙期にやることを決めてはいけません。

いつ売れているのかを把握することで対策を立てる際には、

- どのような対策が必要か
- どの時期に準備をしてどの時期に実行するのがいいのか

が目安になります。

季節変動を知る

季節変動は、月別の売上高をグラフにして並べるだけで把握できます。

ただし、年によってはイレギュラーがありますので、3～5年くらいは並べたほうがよいでしょう。

次頁のグラフからは、5月や8月、1月が繁忙期で、6月、9月が閑散期であることが分かります。

繁忙期に準備をするのは難しいから4月に準備をしようとか、11月をもうすこし伸ばせないかとか、いろいろと議論をすることができます。

一般的に、繁忙期はお客様のニーズが高まっているので売りやすいのですが、自社のキャパシティが問題になることが多いです。

閑散期は自社のキャパシティには問題ありませんが、お客様のニーズが低く売りにくいことが多いです。

そのため、繁忙期に売上を伸ばすにはキャパシティ面の対策が、閑散期には時期に応じた商品展開への対策がテーマになります。

季節変動を知る

忙しい時期を把握して、万全な体制を整える

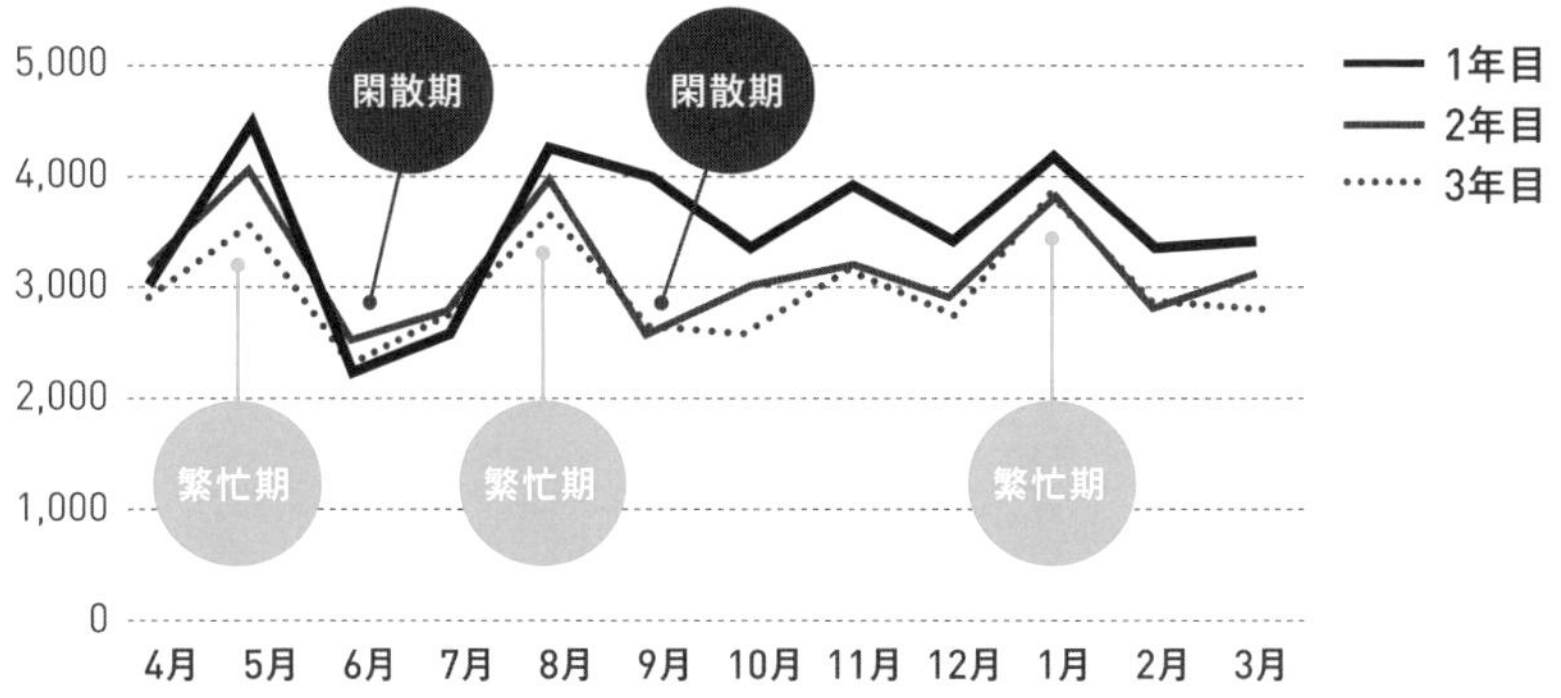

繁忙期

売上拡大に必要な視点

- ・ニーズに対応できるキャパシティの拡大
- ・この時期に新しいことを始めるのはNG
- ・準備した対策の結果測定や情報収集が主体

通常時

売上拡大に必要な視点

- ・繁忙期に備えた体制づくり
- ・閑散期に検討した作戦の実行時期

閑散期

売上拡大に必要な視点

- ・今の商品群のニーズが低い可能性が高い
- ・売上拡大には新しい商品群が必要
- ・比較的時間があるので分析や対策の検討、スケジュールの設定、過去の検証を行う時期

●曜日・時間帯別を知る

飲食店や宿泊業など、個人のお客様をターゲットとする業種は、曜日や時間帯による差が大きくなります。

こうした傾向を知ることで対策のヒントになります。

考え方は季節変動と同様ですが、過去の支援事例としてはこんなケースもありました。

平日のどこかで店を閉めようと考えているが何曜日が良いかの判断に使用した曜日別に見たところ、主力スタッフがいない曜日の売上高が明らかに少なかったので、他のスタッフでも説明できるように売場の工夫を行った

曜日や時間帯別に見ると明らかな傾向がある場合は、その原因を考えて対策を講じるのか、他のことに時間を使うのかを考えてみましょう。

どうやって売れているのか

これまでは何が売れているのか、いつ売れているのかと自社の売れ方のパターンを調べてヒントにしてきました。

この項目では、どうやって売れているのかその原因を探っていきます。

売上高の分解式

売上高の分解式を作ることで原因を把握しやすくなります。

私が一番よく使う分解式が、

売上高＝客数×客単価

というものです。

売上高の原因を、お客様の数と一人当たりのお客様が買ってくれた額に分解しています。

同じ1万円という売上高でも、

● A商店：10人 × 1000円
● B商店：100人 × 100円

と分解すると印象がかなり違うと思います。

ここでA商店が売上を2倍にしようと考えたとき、客数を増やすのか、客単価を増やすのか、あるいはその両方かと方向性を考えるヒントになります。

また、この式をさらに分解した式もよく使用します。

客数と客単価をさらに分解します。

客数は「新規客数」と「既存客数」に、客単価は「商品単価」と「買上点数」に分解されます。

売上高の分解式

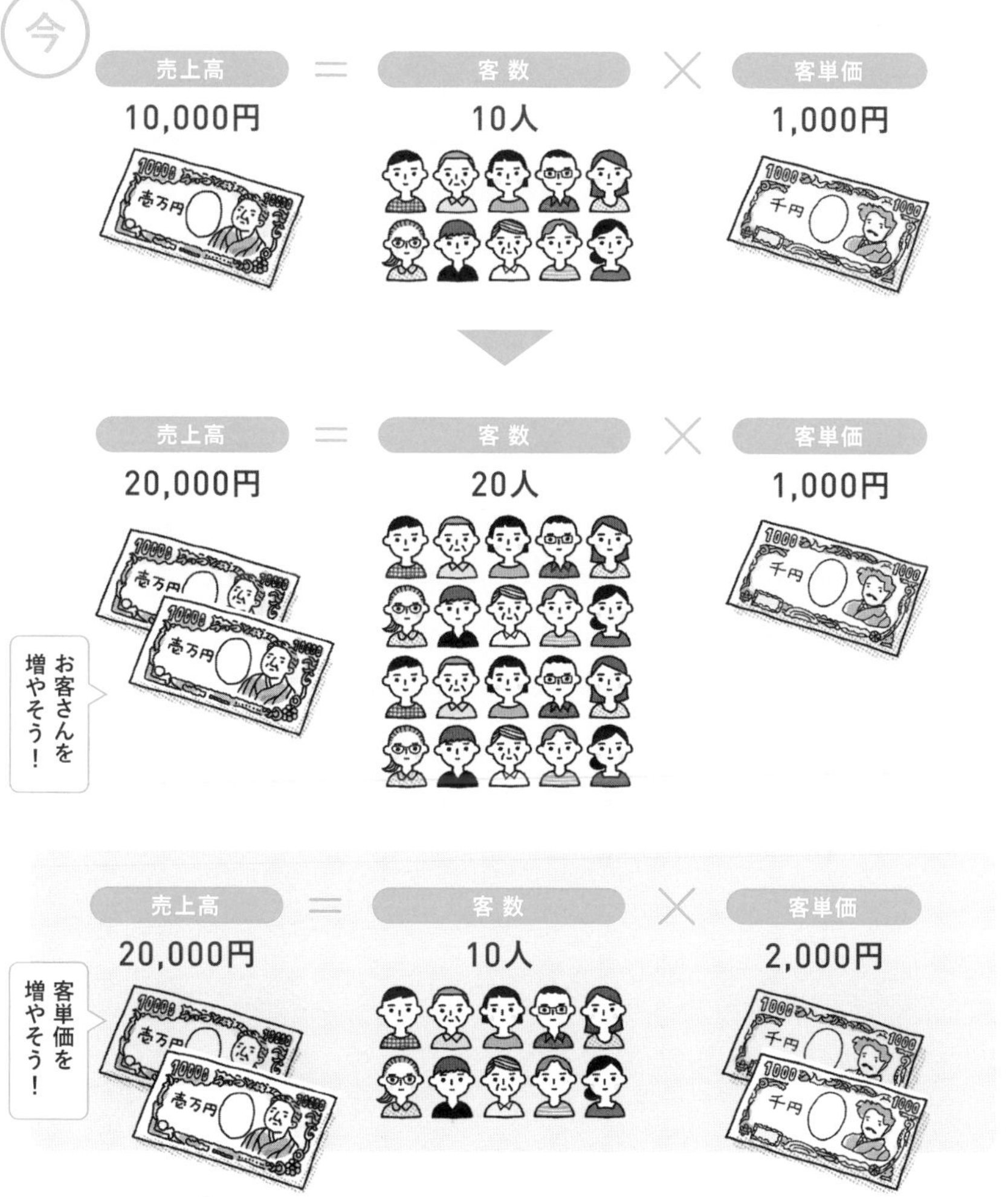

さらに分解!

- 売上高
  - 客数
    - 新規客数
    - 既存客数
  - 客単価
    - 商品単価
    - 買上単価

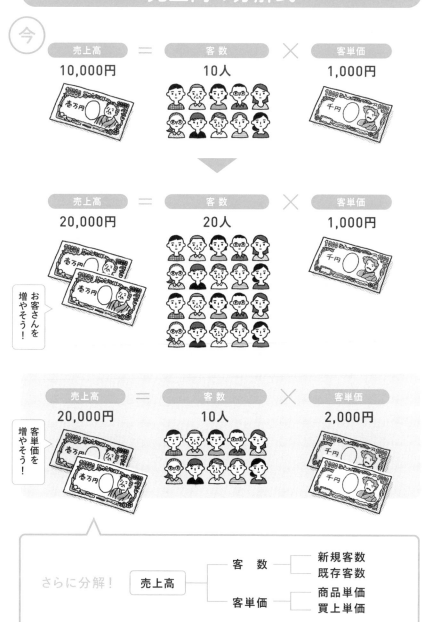

これにより、漠然と「客数を伸ばそう」というのではなく、「新規客を増やそう」とか「既存客のリピート利用を増やそう」というような方向性が出てきます。

客単価も、商品自体の単価を上げる、あるいは高い単価の商品ラインナップを増やすというやり方もあります。

または単価は変えずに購入する数を増やしてもらうという方向性も考えられます。

いずれにしても、売上高を上げるためには思い付きで動き回るよりも、売上高を構成する項目の状態を把握して、

- **どこを伸ばすのか（新規客数、買上点数など）**
- **それを伸ばすためにどんな作戦が考えられるか**

と考えていくことが大事です。

自分のオリジナルな分解式を作る

先ほど紹介した分解式がすべてではありません。

自分の仕事に合わせた分解式を作ることで、好不調の原因把握や対策が立てやすくなります。数式も売上高だけでなく、目的に合わせて変えることも必要です。

いくつか例を考えてみましょう。

【法人営業や個人売買でも検討が必要な大きな買い物等の場合】

売上高＝案件数×決定率×案件単価

検討する方向性の例は、

- **そもそもの案件数確保に向けて販促活動すべきか**
- **決定率を上げる取り組みをすべきか**
- **案件単価が上がるような営業方法、取扱いラインナップを考えるべきか**

となります。

【案件数を増やすために行ったチラシの効果を検討する場合】

案件数＝**チラシの反応率**×**配布枚数**

検討する方向性の例は、

- **反応率を高めるために内容や配布地域の見直しを行うべきか**
- **配布枚数を増やすか**

となります。

自分の仕事で分解式を作るときには、自分の仕事が発生してからどのようなプロセスを経て、最終的に売上高になるか順を追って考えてみましょう。

お客さんが来店して、気に入ったら注文するという流れであるなら、

購買客数＝**来店客数**×**注文率**

で表せそうです。

これに客単価をかけると売上高が出ます。

知人からの紹介メインで注文を受けている工務店でしたら、

注文客数＝紹介数×商談率×受注率

でもよいでしょう。

作るときは短い式で大丈夫です。

客数×客単価を使っていく中で、客数には新規と既存がある等、重要な項目が分かってきた段階で式を改良してください。

●収益性

ここまでは分かりやすく売上高を上げることを見てきました。

しかし、いくら売上高が高くても儲からなければ意味がありません。

そのために収益性を見ていきますが、これも全体だけを見ていては原因が分かりにくいです。

様々な事業を行っているのであれば各部門の収益状態はどうなのか、店舗別の状態はどうなのか、得意先別・商品別にはどうなのか。

というように、何が儲かっていて何が儲かっていないのかを把握することが大事です。

例として、ある会社の収益状況を分解してみましょう。

全社では少ないものの営業利益が出ていますが、事業別に見るとC事業が足を引っ張っていることが分かります。

さらに得意先別に見ると、最大の売上先であるαの売上総利益が少ないことに気づきます。

得意先別営業利益までを把握している中小企業はほとんどありませんので、売上総利益までを見ましたが、これだけでもαに対する仕事の仕方に問題がありそうだと分かります。

ある会社の収益性

	会社
売上高	1,000
売上総利益	400
営業利益	10

分解

足を引っ張っている

	A事業	B事業	C事業
売上高	420	350	230
売上総利益	200	120	80
営業利益	50	20	-60

分解

	得意先α	得意先β	得意先γ
売上高	130	60	40
売上総利益	15	30	35

総利益が少ない

●いくら売れば儲かるのか

収益性を考えるときに知っておいてほしいのが、損益分岐点という考え方です。

俗な言い方をすれば「いくら売らないと儲からないか」を考えるときに使います。これを知っておかなければ、収益性は高いのに利益が出ないということがあり得るのです。

例えば、

- ●時給1万円の仕事
- ●時給1000円の仕事

の2つがあるとします。

当然、同じ時間なら儲かるのは時給1万円の仕事のほうです。

しかし、1万円の仕事は月に5時間しか呼んでもらえない。

1000円の仕事は毎日来てもいいよと言われる。

仮にどちらかの仕事しかしてはいけないとすれば、1万円の仕事では生活が成り立

儲かる働き方は大事だが、固定費をカバーしなければならない

儲かる仕事

時給1万円

ただし、
月5時間しか
働けない

儲からない仕事

時給1,000円

毎日
働いても
いい

稼がないといけない固定費20万円

ちません。

その理由は「固定費」というものです。

一般家庭なら、家賃や通信費、食費など生きていくために毎月発生する費用があります。

どれだけ時間当たりの儲けが良くても、その月に稼げる金額が少なければ生活ができません。

会社も同じです。

家庭も会社もまずは固定費を回収することが大事です。

そして、損益分岐点というものは固定費をまかなうにはいくらの売上高が必要かということです。

一般家庭で言えば、月々かかる生活費は手元に残らないとやっていけない。

その手取り額を確保するにはいくらの額面給料が必要かという話です。

さて、損益分岐点の売上高を計算してみましょう。

ここではまたまた聞きなれない言葉が出てきますので、ゆっくり説明します。


まず仕事で必要な経費を、固定費と変動費に分解します。固定費は少し触れましたが、**売上高に関係なく必ず発生する費用だ**とお考えください。人件費や地代家賃、広告宣伝費などがあります。これらは基本的に、売上高に関係なく支払います。


もう1つは変動費です。

これは原材料費、仕入原価、外注費、販売手数料など、売上高に比例して増加する経費です。


固定費は売上高がたとえゼロでも支払う必要があります。

大家さんに「今月は売上高がゼロだったから家賃は払わない」と言えば、ふざけるなと言われるでしょう。

なお、払う相手が重要なのではなく、どのような条件で払うかが固定費と変動費の分かれ目です。

従業員に支払う給料でも、

- **固定給で支払うなら売上高がゼロでも必要（固定費）**
- **完全歩合制で支払うなら売上高がゼロなら不要（変動費）**

となります。

損益分岐点
いくら売らないと儲からないか
固定費をカバーできる売上高はいくらか
■一般家庭で例えると……
固定費
20万円
では、20万円の給料があればいいの？
給料
税金社会保険料
手取り収入
給与
25万円
5万円
20万円
まるまる手取りにならないので、
必要な給料は変わる

さて、ここから具体的に計算してみましょう。


1個100円で商品を販売しています。

1カ月の固定費が10万円、1個商品を販売すると60円の変動費がかかります。

固定費を回収するためには、何個商品を売らなければならないでしょうか。

まず、1個売ると
100円（売上高）－60円（変動費）＝40円儲かります。
この1個売ったときの儲けを「限界利益」と呼びます。

さて、1個売ると40円の儲けが出る商品を何個売れば、10万円の固定費が回収できるでしょうか。

10万円（固定費）÷40円（限界利益）＝2500個必要です。

ちなみにこのときの売上高を損益分岐点売上高と言います。

このケースの場合、100円で販売している商品を2500個売ったときですから、

100円（1個の売上高）×2500個＝25万円（損益分岐点売上高）

となります。

このお店は、毎月25万円売上高がないと赤字になってしまうということです。

ちなみに損益分岐点売上高は、次の計算式でも表されます。

損益分岐点売上高＝固定費÷｛（売上高－変動費）÷売上高｝

パッと見た感じ分かりにくくなりましたので、式を細かく見てみましょう。

式は大きく2段階に分かれています。まず、限界利益率を求めます。これは1個売るとどのくらい儲かるかを表します。

先ほどの例であれば、

100円（売上高）－60円（変動費）＝40円儲かる
40円（限界利益）÷100円（売上高）＝40％（限界利益率）

続いて固定費を回収できる損益分岐点売上高を計算します。

これは、

損益分岐点売上高＝固定費（10万円）÷40％＝25万円

となり、先ほどの計算と一致します。

ここからは、固定費÷限界利益率の式について説明していきます。算数の解説になるので読み飛ばしていただいても結構です。

①限界利益は売上高×限界利益率で計算できます。

そして②損益分岐点売上高は、限界利益と固定費がイコールになる売上高です。

となれば、①と②の式を合わせて

限界利益＝固定費＝損益分岐点売上高×限界利益率

という式が出来上がります。

この式から固定費を回収できる損益分岐点売上高を算出します。「損益分岐点売上高×限界利益率」となっているので、「限界利益率」が邪魔です。式の両方に限界利益率を割り算することで消し込んでしまいましょう。

固定費÷限界利益率＝損益分岐点売上高×限界利益率÷限界利益率
固定費÷限界利益率＝損益分岐点売上高

損益分岐点売上高の式

固定費 ÷ {（売上高 − 変動費）÷ 売上高}

❶ 限界利益率を求める

限界利益 ＝ 売上高 − 変動費

限界利益率 ＝ 限界利益 ÷ 売上高

❷ 固定費を回収できる売上高を求める

損益分岐点売上高 ＝ 固定費 ÷ 限界利益率

▶ 固定費 ÷ 限界利益率 とは

❶ 限界利益 ＝ 売上高 × 限界利益率

❷ 損益分岐点売上高 ＝ 限界利益 ＝ 固定費

❸ 限界利益 ＝ 固定費 ＝ 売上高 × 限界利益率

➡ 固定費 ＝ 売上高 × 限界利益率

➡ 固定費 ÷ 限界利益率

＝ 売上高 × 限界利益率 ÷ 限界利益率

❹ 固定費 ÷ 限界利益率 ＝ 売上高

損益分岐点売上高の使い方

長々と計算方法をお伝えしてきましたが、損益分岐点売上高を知ることで2つのメリットがあります。

1つは、いくら売上高を上げないといけないかが分かります。

漠然と頑張っていても赤字では意味がありません。最低このくらいは売上高がないと危険だという指標を持つことで、日々の行動変革につながります。

また、損益分岐点売上高を計算するときに一工夫すると、目標利益を上げるためにはいくら売上高が必要かも計算できます。

固定費のところを固定費＋目標利益にするだけです。

もう1つは、現状の損益分岐点売上高を維持するだけでなく、損益分岐点売上高そのものを下げようという考えができます。

損益分岐点売上高が下がれば、それだけ現状よりも低い売上高でも収益が出るようになります。

方向性としては、計算式でも散々見てきた、

固定費：固定費を減らすことができないか
変動費：変動費率を下げることができないか

固定費が減れば、今と同じ利益率でも必要な売上高は低下します。

変動費率が下がれば、1個当たりの儲けが増えるので、同じく必要な売上高は低下します。

損益分岐点から考える2つの方向性

売上を増やす 今よりも売上を上げる

▼

固定費を固定費＋目標利益として計算する

［個人に例えるなら……］

年収の高い会社へ転職しよう
資格を取得して手当をもらおう

注意 ▶
- ・時間がかかるケースが多い
- ・不確実性が高い

費用を減らす 固定費、変動費などを減らす

▼

低い売上高でも収益は増

［個人に例えるなら……］

低価格のスマートフォンに
切り替えよう
習い事を少し減らそう
KAIKEI ¥
500

注意 ▶
- ・モチベーションダウンにつながることも
- ・品質が下がってお客様が離れることも

費用は適切か

ここまでは売上高の話が中心でしたが、損益分岐点売上高でもお伝えした通り、費用の見直しも重要なポイントとなります。

費用の見直しは大きく二段階で行うとよいでしょう。

経費別の推移を確認する

まずは全体像を確認することが重要です。

月次試算表等を使い、どんな項目の経費がどんな動きをしているのかを調べます。年単位での動きや季節変動などを見ながら、経費の特性を把握します。

この中で大事なことは、**経費の傾向と会社側の意図が一致しているか**です。単純に増えていれば悪く、減っていれば良いというものではありません。

経費を使う側が、これは増えても仕方がない、増やすべきだと意図的に判断したものなのか、知らない間に勝手に増えているのかでは、意味が大きく変わります。

あるいは増やすべきだと予算を組んだはずなのに、増えていない、むしろ減っているという状態であれば、考えていた作戦がきちんと実行されていない可能性があります。

この中で意図していない動きをしている、あるいは意図していないけれど金額が大きくなっているような費用については詳細を見ていきます。

総勘定元帳をチェックする

経費について細かく何に使っているかを調べるのであれば、総勘定元帳という資料を使用しましょう。

総勘定元帳とは日々の簿記の仕分けが記録された資料です。

決算書や月次試算表には「広告宣伝費」と勘定科目ごとにまとめて書かれていますが、総勘定元帳を見れば、いつ何にいくら使ったのかが把握できます。

余談ですが、個人事業の方は総勘定元帳で行動パターンがバレたりすることがあります。

「1軒目はAという居酒屋に行って、タクシーでBというスナックに行くのがいつものパターン」というようなことが分かったりします。

なお、総勘定元帳がしっかりしていない会社は、レシートや領収書、請求書などから把握するしかなくなります。

いい加減な記録は後から役に立たないので、記録するだけ時間の無駄になるものもあります。

3．新しい取り組みに役立てる

これまで見てきた分析はあくまでも既存事業や過去のものを調べてきました。

この不安定な世の中、全く新しい新規事業などを展開する場合には役に立たないのではないかと感じる方もいるかもしれません。

そんなことはありません。

データ分析はできなくても、データ分析で身につけた考え方は未来にも応用できます。

例えば新しい事業を始めるにあたり、毎月必要な固定費は具体化しやすい。

さらに業界の利益率等、大まかな傾向は調べたり聞いたりすることである程度の精度のものは入手できます。

そうすると、ここから新事業の損益分岐点売上高を予想することができます。

必要な売上高が分かったら、次はどんな作戦で販売していくかですが、これも分解式の考え方を使えば方向性を見出すヒントになります。

さらには取り扱う商品や想定される取引先から、どの商品、どの取引先にどれだけ売上目標を持たせるのかといった検討も可能です。

こうして検討した作戦を実行に移すと、そこからは実績データが出てきます。

実績と検討段階で考えたことをすり合わせて検証を行い、作戦をブラッシュアップしていくことで、目標に近づくことができます。

章のまとめ

分析を行うことで改善のヒントに

例 2号店の売上が伸びている

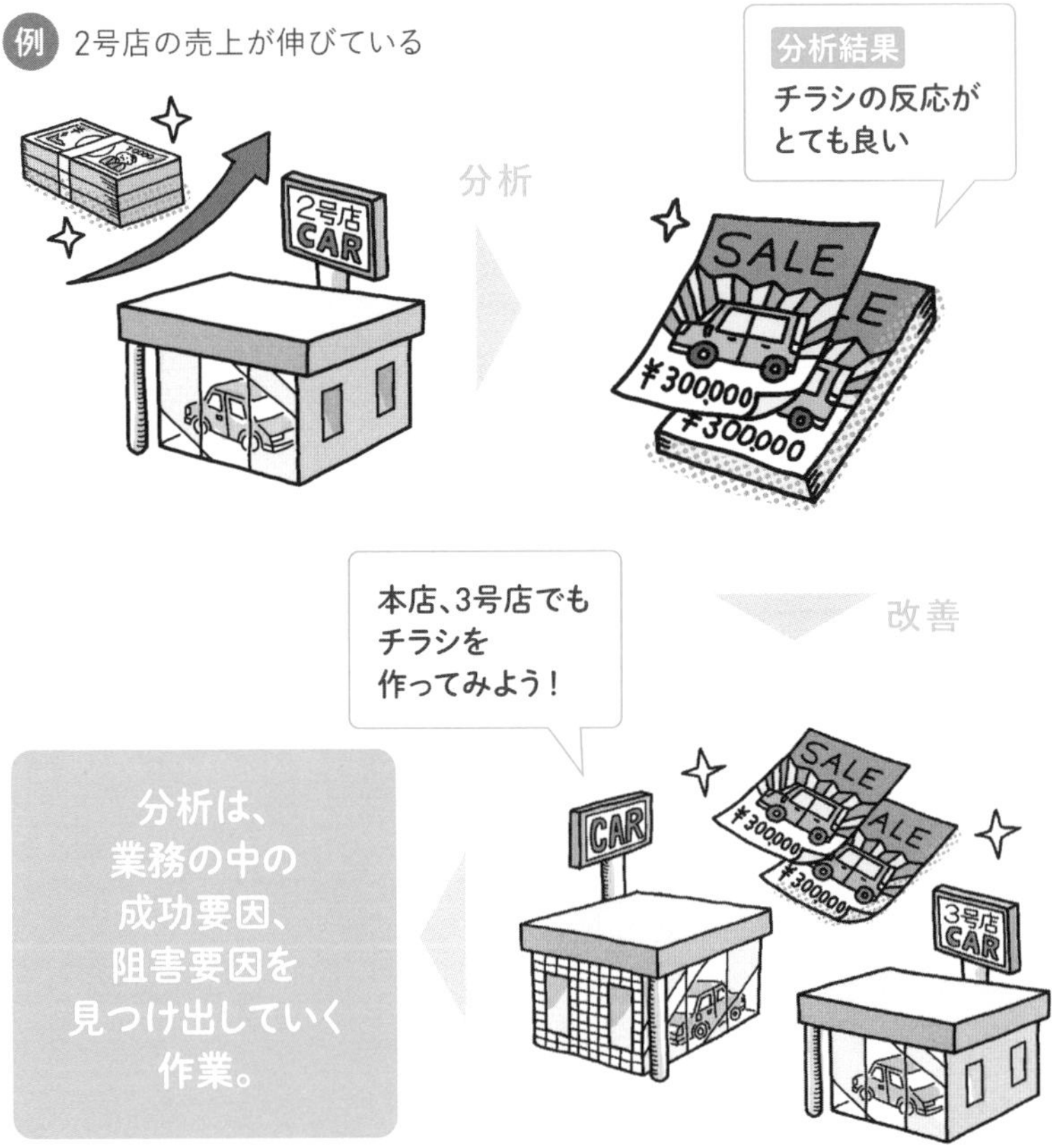

分析は、業務の中の成功要因、阻害要因を見つけ出していく作業。

会計資料を見るだけなく、その原因を追究し改善につなげるのが分析の役割です。
この分析こそが、会計を学ぶ醍醐味といえます。

「思い込み」が成功を阻害する

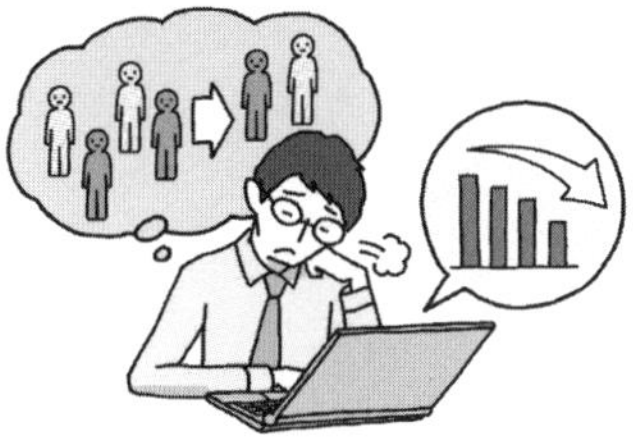

お客さんが
減ってしまったから店は
あきらめようか……

分析の結果

お客様は増加！

実は　接客の問題で客単価が減少

分析の結果

営業方法が悪くて新規開拓が進んでいない

実は　アプローチがほとんどされていない

分析の結果

チラシは反応が悪い

実は　来店するお客さんは増加。キャパシティの問題で対応できず

大層な対策ではなく、意外なほど小さな対策が大きな成果になることも。

分析の目的

1 潰れないか知りたい

2 儲かっているか知りたい

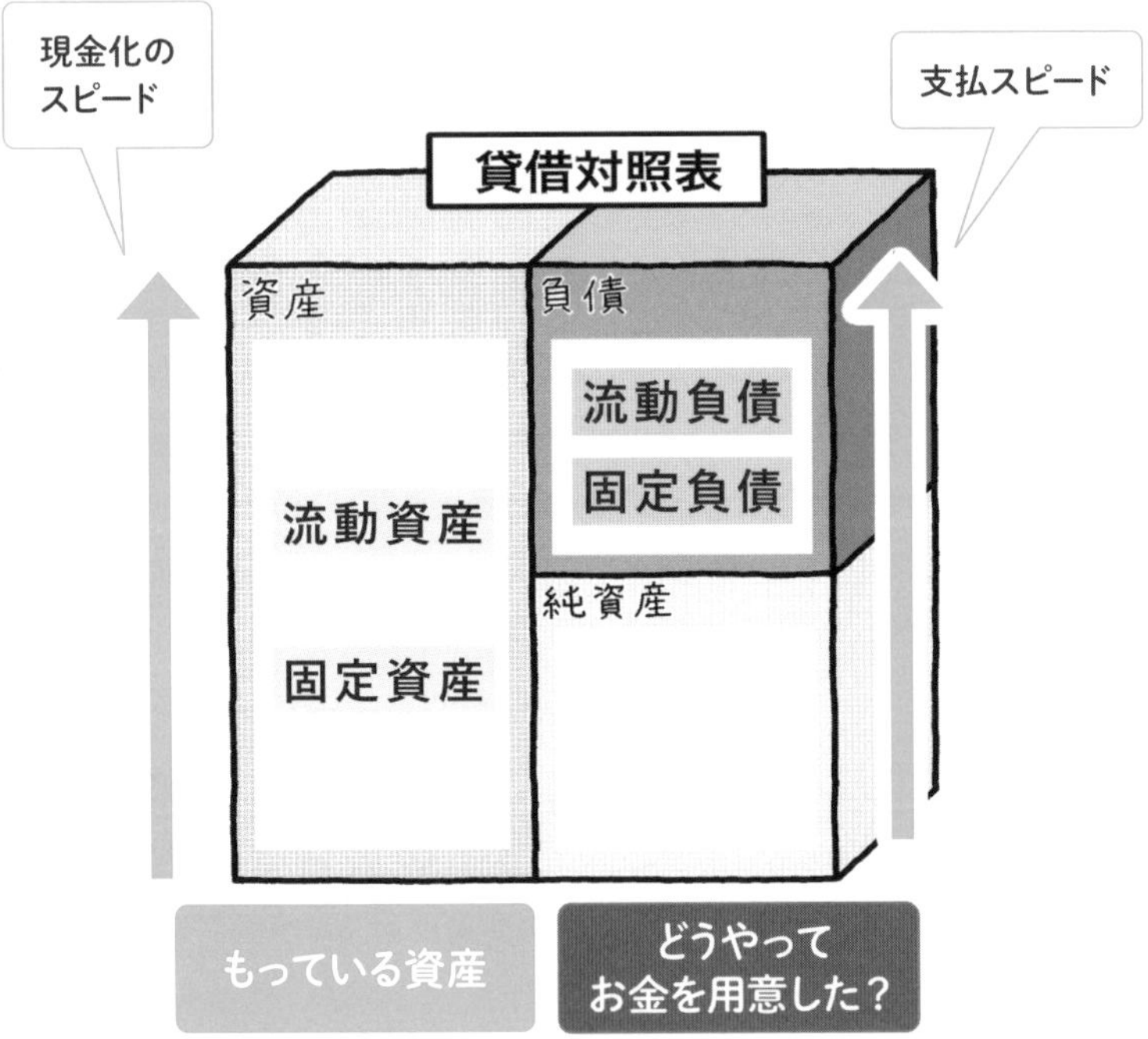

❶ 潰れないか知りたい ▶P158〜

パッと見て判断したい

使用する資料 貸借対照表

❶ 1年くらいは大丈夫か？

▶流動比率、当座比率から分析

❷ 長い目で見て大丈夫か？

▶自己資本比率、固定比率から分析

年間を通じて大丈夫か

使用する資料 月次試算表、資金繰り表

❸ 過去の傾向から見て大丈夫か？

▶月次試算表で分析

決算書は、決算月の状況しかわからないので、月次試算表から月々の動きを見ることが大事。

❹ 現状も踏まえて大丈夫か？

▶資金繰り表で分析

資金繰り表で、過去の傾向と現時点での入金支払い予定を確認できる。先々不足にならないか個別に計算しているので、ここで足りないと分かれば対策を講じる必要がある。将来のお金の流れを把握し、予測して分析。

❷ 儲かっているか知りたい ▶P171〜

大まかな状態を把握する

	1年目	2年目	3年目
売上高	1,000	1,200	1,400
売上総利益	400	430	460
営業利益	10	30	-20
経常利益	5	15	-30

傾向や利益率を把握する

	1年目	2年目	3年目
売上総利益率	40.0%	35.8%	32.9%
営業利益率	1.0%	2.5%	-1.4%
経常利益率	0.5%	1.3%	-2.1%

利益率を出して
大まかな
傾向を掴む

変化の時期を把握する。金額では判断しにくいことも、利益率を見れば分かりやすい。

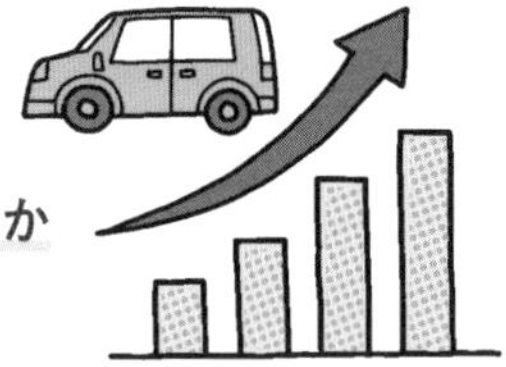

❶ 何が売れているのか

深く原因を知りたい

❷ 誰に売れているのか

商品や得意先の状況から、開発や営業の方針を考える。
シンデレラという存在がないかどうかも確認しよう。

③ いつ売れているのか

繁閑を考えない
計画は失敗のもと。
時期に合わせた
できることを
実施する。

時期に合わせた動き方が大事。
繁忙期と閑散期で動き方を変える。

④ どうやって売れているのか

売上の分解式を使うと分かりやすい。

売上高 ＝ 客数 × 客単価

売れ方の分解式を作ることで、
改善の方向性が見えやすくなる。

収益性について

それぞれの儲けは……

	会社
売上高	1,000
売上総利益	400
営業利益	10

分解

全体だけ見ても分かりにくい。分解することで、何が儲かっていて、何が儲かっていないかが分かる。

	A事業	B事業	C事業
売上高	420	350	230
売上総利益	200	120	80
営業利益	50	20	-60

分解

	得意先α	得意先β	得意先γ
売上高	130	60	40
売上総利益	15	30	35

いくら売れば儲かるのか

損益分岐点から考える。

損益分岐点の売上高の計算

損益分岐点売上高 ＝

固定費 ÷ {（売上高 − 変動費）÷ 売上高}

人件費や家賃などの費用

固定費と変動率を下げることで、低い売上高でも収益は増。

第4章

ここまでを振り返って徹底的にマスター!!

会計、使いこなせばすばらしいツールに!!

ここまで、会計の初歩的な部分から分析という会計を活かす部分までを説明してきました。各章ボリュームがあったので、最後にもう一度全体像を振り返ってみます。

●第1章の内容

第1章では会計全体のお話をしました。

まずは会計には大きく3つの目的があり、自分がどの目的に沿って会計を勉強するのか、目的にあった内容を勉強することが大事であることをお伝えしました。

また会計が難しい理由として、会計は馴染みが薄い言葉が多いため分かりにくい。

そのため、まずは大まかなイメージで把握することが大事です。

そこでできる限り日常生活に置き換えて、会計で使用される代表的な資料を3つ＋1お伝えしました。

（会計で使用される代表的な会計資料）

- **貸借対照表**
- **損益計算書**
- **キャッシュ・フロー計算書**
- **資金繰り表**

これらの資料について、

- **資産の持ち方**
- **家庭の収支**
- **いくらお金が出入りしたか**
- **お金のやり繰り**

というイメージをお伝えしてきました。

第1章の最後ではこうした資料を活用して、健康診断を行ったり、原因を調べて改善したりすることの重要性をお話ししました。

第2章の内容

第2章では、会計資料のイメージをもう少し深掘りしていきました。

簿記の基本的な知識、第1章で紹介した会計資料の中身を確認していきました。

ここでは、健康診断を行ったり、原因を調べて改善したりするために、このくらいは知っておいてほしいという内容を中心に解説しました。

第3章の内容

第3章では、自分の仕事を上手くこなすための使い方として「分析」についてお話ししました。

会社や仕事が上手くいかない大きな原因の1つである「思い込み」。これを解消して新しいヒントを得るための活動が分析です。

ここでは分析の流れや注意点をお伝えしました。

最後に、目的別の分析として私が普段仕事でよく活用している分析方法をご紹介しました。かなりボリュームがありましたが、どれも個別具体的に活用できるものであり、自分の仕事に置き換えて活用できないかを考えていただければ幸いです。

● 会計を身につけるには具体的な実践が一番

これまで会計のお話をしてきましたが、会計を身につけるには具体的な実践が一番です。会社の会計資料を見ることができる方は、本書での説明を見ながら自分の会社の会計資料を読み解いてみましょう。

もし会計資料を見ることができなくても、仕事の周りにはたくさんの数字があります。

販売業をされている方でしたら、売上高は分かります。さらに深掘りしてどの商品がいくらで何個売れたかも把握できるでしょう。その商品の仕入価格も分かればどのくらい儲かっているかということが把握できます。

製造業の方でも、今月自分が関わった製品の生産量や、その原価といった数字を追いかけることが可能です。

あるいは何か課題を解決する際に、第3章でご紹介した分析の考え方を当てはめて原因を探したり、改善策の効果を測定したりすることもできます。

会計は車の運転と同じで、運転の仕方を本で読んだり助手席で見ていたりするだけでは自分のものになりません。

自分で運転席に乗って最初はおっかなびっくりでも、自分でハンドルを握ることを繰り返すことが上達のポイントです。

● 仕事を上手くこなすために「あいまい」を減らすのが数字

ほとんどの方が、いろいろな人と関わりながら仕事をしていると思います。
私も様々な会社や団体を見てきましたが、仕事が上手く行かない理由の1つに、

人が持つ「ものさし」はそれぞれ違う

という点があります。

例えば、「ご飯大盛り」という言葉でイメージする量はどのくらいでしょうか。
「今度食事に行きましょう」と言われてイメージする時期はいつでしょうか。
「たくさん売れました」と言われてイメージする売上はいくらでしょうか。
人はそれぞれ育ってきた環境や考え方が違うため、みんな「ものさし」が違います。

しかし仕事場ではこうした「ものさし」の違いを忘れて、自分の常識だけで考えてしまいトラブルになることがたくさんあります。例えば次のような場合です。

- **「早めにやってほしい」とお願いしていたのに、なかなか出来上がってこない**
- **「在庫がたくさんある」と聞いていたので安心していたら在庫切れが起きた**

仕事場では、よほど気心の知れた仲間と以外は、「早め」や「たくさん」といった「あいまい」な言葉はトラブルの元です。

会計や数字を身につけることは、こうした「あいまい」を減らしてトラブル削減への第一歩です。

「あいまい」を減らす3つの習慣

最後に多くの方の失敗の原因となっている「あいまい」を減らすための3つの習慣をお伝えします。

❶ ウラを取る

情報に接したとき、本当にそうなのかと確認しましょう。取引先や社内の方の話をそのまま鵜呑みにせず、その裏付けとなる数字がないか確認します。

調べてみると勘違いだったり、実は重要でなかったりというケースがあります。ウラを取るときは、第3章の分析手法を活用してもいいでしょう。

❷ 数字で具体的に表現する

数字で表現できるものは数字で表現しましょう。

「ご飯大盛り」ではなく「ご飯〇合、〇グラム」と数字にすれば大きな勘違いはおきません。「早めにやってほしい」ではなく「来週の火曜日11時までに」と言えば伝わります。「たくさん売れました」は「今日は150万円の売上高でした」と言い換えます。

❸ どうすれば効果を測定できるか考える

仕事で何かを行うとき、やったことの効果があったかを確認することで次のヒントにつながります。

- 販売促進のためにチラシを配布した
- 生産性向上のために工程の手順を見直した
- 経費削減のために仕入先を変えてみた

大小様々な取り組みが会社の中で行われていますが、こうした行ったことに対してどうすれば効果が測定できるかを考えましょう。

意外と無駄なことを何年も何十年も続けている会社は多いです。

ぜひ、皆さんも自分の仕事に会計や数字を活用することで、無駄を省き、次のヒントを見出してください。

COLUMN

いいコンサルタントの選び方

いいコンサルタントとは、会社の業績を良くできる方です。そしていいコンサルタントかどうか、見極めて選ぶ際に一番大事なことは、人間的な相性です。どれだけコンサルタント自身が賢く優秀でも、実行するのは会社です。そして会社が実行できるかどうかの大きなポイントは、人間的な相性です。

同じことを言われてもAさんから言われると納得できるが、Bさんから言われると腹が立つ、というようなことは日常茶飯事です。

著名な方や実績豊富な方はいいコンサルタントです。ただし、あなたにとっていいコンサルタントかどうかは別問題。その分野のプロと呼ばれるコンサルタントが匙を投げた会社を、その分野においては半分素人のようなコンサルタントが成果を出したというケースもあります。

ただし心地良いだけのコンサルタントはダメです。ダメなコンサルタントは、お金欲しさに機嫌を損ねたくないので言うべきことを言いません。いいコンサルタントは、言うことは言ってそれで契約を切られるなら仕方ないと考えています。

あとがき

毎年いくつかの地域で創業希望者を対象とした創業塾の講師をさせていただいています。テーマは経営からマーケティング、そしてこの本のテーマでもある会計と幅広い内容を講義させていただいています。


その中で主催者様から会計の講義について、

「先生の講義は誰も寝ないからすごいですね」

と褒められることがあります。


他のテーマでこのような褒められ方をされたことは、これまでに一度もありません。会計というものがいかに一般の方に馴染みが薄く、分かりにくいかがよく分かります。

こうした会計の講義の際に必ずお伝えすることがあります。


会社を経営している方なら自社の決算書を見てください。

これから創業する方は、創業してから1年後に決算書が出来上がったら、それを見てください。

本書の内容を自分の決算書と並べながら内容を確認していってください。それを繰り返すのが会計を習得する一番の近道です。


本書は会計を「自分の仕事に役立てたい」という人の一助となるよう、会計についてなるべく分かりやすくお伝えしてきました。

ですが書いている私自身も、この本だけでは不完全だと思っています。

本文でもお伝えしましたが、会計は車の運転と同じで、運転の仕方を本で読んだり助手席で見ていたりするだけでは自分のものになりません。

自分で運転席に乗って最初はおっかなびっくりでも、自分でハンドルを握ることを繰り返すことが上達のポイントです。


そのため、この本を読んで「ふーんそんなものか」という段階では1割も習熟していないと言っても差し支えないでしょう。

この本を横に、できれば自社の決算書を横において決算書を読み解いていってほしい。

貸借対照表の調達手段ってなんだ？　と自社の勘定科目を一つ一つ見てみると、ああこういうものが含まれているのかとリアルに理解することができます。

できれば数年分を並べて比較するのもいいでしょう。勘定科目の増減が表しているものが何かを確認し、経営が数字に与える影響が分かるようになると、会計初心者は卒業です。

もし自社の決算書がない場合は、関心の高い上場企業の決算書を手に入れましょう。

こちらは事細かに内容を確認することは難しいですが、決算報告等を見ながらその決算書がどういう状態か読み込んでみましょう。

こちらも数年分を並べて比較すると、ぐっと理解が深まります。

自社でも上場企業でも、あまりいろいろな会社に浮気せず、まずは1社を深く見ていくことをお勧めします。その会社の決算書については大体こんな勘定科目があってこんな割合で構成されているというような感覚がつくくらいが良いでしょう。

こうした感覚がつけば他社の決算書を見たときに、自分の中にできている基準と比較して見ることができるようになります。そうすると決算書から会社の考え方や状況などが想像できるようになります。

会計が苦手という方は、特定の会社の決算書を何度も読み込んでください。

この本が、読み込む際の道しるべとなれば幸いです。

冨松 誠《とみまつ まこと》

経営コンサルタント。株式会社民安経営代表取締役社長。

1982年兵庫県明石市生まれ。神戸学院大学を卒業。ITアウトソーシング会社を経て、税理士事務所・コンサルティング会社に就職。2012年に中小企業診断士資格を取得し、13年より独立。これまで100社を超える中小企業に関与。7社の顧問も務める。現在は、PDCAのコンサルタントとしてPDCA を実行するお手伝いを行っている。特定の業種・業態にとらわれず、規模も1名から50名の会社まで対応。顧問先以外にも年間20社程にアドバイスを行っている。

空理空論が嫌いで、難しいことではなく、その企業にとってできるのにやっていないことを見つけてクリアしていくことをスタンスとしている。

多様な業種を見てきた経験からできるアドバイスと、社長をやる気にさせるミーティングが好評である。実践経験を踏まえた、行動に移せるヒントが詰まった研修やセミナーも実施している。

著書に『PDCAは、4割回せばうまくいく! 「人・モノ・金」に頼らず願った成果を最短で出す! 』(Clover出版　2019年)、『経営感覚を整えるための カンのメンテナンス』(スタブロブックス 2021年) がある。

メルマガ登録4大特典

会社経営に役立つ情報満載のメルマガに登録して、ここでしか手に入らない、「会社の利益を生み出す三種の神器」と「頼れる簿記の単語集」をもらおう!

メルマガ登録特典

- 衰退と予兆チェックリスト
- 必要売上高算定
- 移動年計シート

＋

- 頼れる簿記の単語集

こちらのQRコードからご登録ください!

STAFF
装丁・デザイン　野口佳大
イラスト　さとうゆし
校正　伊能朋子
DTP　松本圭司（株）のほん
編集　坂本京子　小田実紀

知識ゼロ、数字苦手でも大丈夫！
おどろくほど簡単に会社の会計がわかる本
決算書が読めて、利益につながる！
すぐにわかる会計入門

初版1刷発行　2024年6月24日

著　者　冨松 誠
発行者　小川 泰史
発行所　株式会社Clover出版
〒101-0051
東京都千代田区
神田神保町3丁目27番地8
三輪ビル5階
電話　03（6910）0605
FAX　03（6910）0606
https://cloverpub.jp

印刷所　モリモト印刷株式会社

ISBN978-4-86734-218-3　C0034